Christian Gottlob Kändler - Schule, Bildung und Gelehrsamkeit
in Sangerhausen in der ersten Hälfte des 18. Jahrhunders

Peter Gerlinghoff

Christian Gottlob Kändler
(1703-1766)

*Schule, Bildung und Gelehrsamkeit
in Sangerhausen in der
ersten Hälfte des 18. Jahrhunderts*

Zweite verbesserte und erweiterte Auflage
unter Mitwirkung von Martin Leutzsch

 tredition

ISBN Softcover: 978-3-384-54183-3

Druck und Distribution im Auftrag:
tredition GmbH, Heinz-Beussen-Stieg 5, 22926 Ahrensburg
Germany

Zur zweiten Auflage

Ursprünglich als Begleitheft zu einer Ausstellung im Spengler-Museum Sangerhausen (1. März bis 11. Mai 2003) aus Anlass des „300. Geburtstages des verdienten Rektors der Sangerhäuser Stadtschule" verfasst, fand diese erste monographische Arbeit über Christian Gottlob Kändler in den folgenden zwei Jahrzehnten wiederholt Aufmerksamkeit bei Forschungen über das 18. Jahrhundert. Interesse galt u.a. seinen Ausführungen über Schulbibliotheken, seinem Briefwechsel mit Gottsched sowie seinem Beitrag zur Kurfürstlich Mainzischen Akademie nützlicher Wissenschaften zu Erfurt.

Wachsendes Interesse an Kändler spiegelt sich auch in der Bereitstellung digitaler Versionen verschiedener Werke aus seiner unfangreichen Hinterlassenschaft durch über-regionale Bibliotheken.

Anspruch der ersten Ausstellung über Kändler im Jahr 2003 war es, am Wirken dieses vielseitigen Pädagogen und Gelehrten die damaligen gesellschaftlichen Bedingungen für Schule und Bildung in einer mitteldeutschen Kleinstadt aufzuzeigen, die den Traum hatte, als Residenz Bedeutung zu erlangen, dann aber in den Strudel politischer Konflikte gerissen wurde. Diesem Zweck dienten auch Ausführungen, die nur mittelbar mit Kändler zu tun haben, aber stadt- und kulturgeschichtlich interessant sind. Sie wurden in dieser Ausgabe beibehalten.

Kändler ist in Sangerhausen nach wie vor kein Unbekannter, aber noch immer ein Unerforschter, zumindest wenn man das beeindruckende Verzeichnis seiner Schriften als Maßstab nimmt. Die zweite Auflage will weiter dazu anregen, aus dem Mosaik zeitbedingter Diskurse die auch heute noch bedeutsamen Aspekte seines Denkens und Wirkens herauszustellen.

Dem Autor scheinen sie in Kändlers Forderung nach energischer Investition von Zeit und Geld in eine allgemeine, die sozialen und sonstigen Unterschiede überbrückende Erziehung und Bildung zu liegen. Als Anwalt der heranwachsenden Generation wollte er dazu sowohl die Eltern als auch die öffentliche Hand in die Pflicht nehmen. Anregende Ideen können auch von seiner Konzeption der Institution Schule ausgehen. Sie sollte nach Kändler kein Eigenleben führen, sondern sich der Gesellschaft öffnen und insbesondere zu dem komunalen Umfeld als Gebende und Nehmende in eine produktive Verbindung treten. Nicht zuletzt bietet Kändler das Vorbild eines Lehrenden, der zugleich Forschender sein will, um so aktiv am Fortschritt seiner Wissenschaft teilzunehmen.

Mein aufrichtiger Dank gilt Herrn Martin Leutzsch, Paderborn, für seine wertvollen Anregungen, die Ergänzungen zum Schriftenverzeichnis sowie die umsichtige Hilfe bei der Korrektur der 2. Auflage.

Sangerhausen, den 3. März 2025   Peter Gerlinghoff

Kein Unbekannter, aber ...

Christian Gottlob Kändler ist in der Sangerhäuser Geschichtsschreibung kein Unbekannter. Friedrich Schmidt rühmt 1906 seinen „außerordentlichen Eifer" sowie „die unermüdliche und vielseitige Tätigkeit", mit der sich Kändler dem praktischen Lehramt widmete. [1] In den kurzen Ausführungen zur Biographie Kändlers wiederholt Schmidt, was vor ihm Albert Fulda 1872 in der ersten gründlichen Studie zur Geschichte des Sangerhäuser höheren Schulwesens [2] ausgeführt hatte: Während Kändlers Rektorat (1730-1766) konnten die Schüler der Sangerhäuser Stadtschule Universitätsreife erlangen. Dieses Niveau der schulischen Bildung ging unter seinen Nachfolgern schnell verloren und wurde in Sangerhausen erst gegen Ende des 19. Jahrhunderts wieder erreicht.

Albert Fulda konnte in seiner Studie auf Bewerbungsschriften Kändlers zurückgreifen, die sich damals im Stadtarchiv erhalten hatten, heute dort aber nicht auffindbar sind. Sie stellen neben einem Einführungsvortrag, den der damalige Superintendent Olearius hielt, die wichtigste biographische Quelle dar. So wissen wir, dass Kändler am 10. Juni 1703 in Fischbach bei Dresden geboren wurde, in Leipzig philosophische, philologische und theologische Studien betrieb, in näherer Beziehung zu Professor Heinrich Klausing [3] stand und nach Erlangung der Magisterwürde (1725) Studenten der Theologie auf die Examina vorbereitete. Er soll sich 1727 an der Philosophischen Fakultät habilitiert haben und wurde 1728 einer der Abendprediger an der zur Universität gehörenden Paulinerkirche.

Aus der mehr als drei Jahrzehnte währenden Tätigkeit in Sangerhausen sind bislang keine weiteren Fakten zu seiner Person bekannt geworden. Kändler lieferte allerdings 1739 in einer Schrift, die aus

1   Friedrich Schmidt, Geschichte der Stadt Sangerhausen, Teil 2, Sangerhausen 1906, S. 37.
2   Albert Fulda, Geschichte des höheren Schulwesens der Stadt Sangerhausen, S. 18-21.
3   Heinrich Klausing (1675-1754) begann seine wissenschaftliche Laufbahn als Mathematiker, Philosoph und Theologe in Wittenberg, kam 1719 nach Leipzig und bekleidete dort hohe akademische Ämter. Er war u.a. Stipendiatenephorus und Rektor der Universität.

Anlass des 200. Jahrestags der Einführung der Reformation und damit auch der Neugründung des Sangerhäuser Schulwesens entstanden war, eine kurze autobiographische Skizze, in der er neben den oben genannten Angaben mit gewissem Stolz erwähnt, dass sein Vater, Johann Joachim Kändler, Pfarrer in Fischbach und zugleich Senior des kursächsischen lutherischen Pfarrerkollegiums war. Ansonsten gewinnt man auch bei intensiver Beschäftigung mit Kändler den Eindruck, dass er von seiner Person wenig Aufhebens machte und ganz in seinem wissenschaftlichen und pädagogischen Werk aufging.

Auch die jüngste Arbeit über „*Sangerhäuser Schulverhältnisse im 18. Jahrhundert*" von Hans Ahr konnte in biographischer Hinsicht keine neuen Erkenntnisse über Kändler bieten. [4] Der Autor zeichnete auf Grund der ihm vorliegenden Arbeiten von Fulda und Schmidt ein im wesentlichen zutreffendes Bild der pädagogischen Tätigkeit Kändlers und hob dabei seine Verdienste um das Chorwesen hervor. Genauerer Recherche bedürfen die von Hans Ahr (wie schon bei Fulda) nur kurz erwähnten heftigen Auseinandersetzungen – „Neid und Streit" – innerhalb des Kollegiums der Sangerhäuser Stadtschule gegen Ende von Kändlers Amtszeit.

Eine eingehendere Beschäftigung mit Kändlers Vermächtnis wurde bislang behindert durch den Umstand, dass seine Schriften in zum Teil weit entfernten Bibliotheken verstreut und damit für die Heimatforschung in Sangerhausen so gut wie unzugänglich waren. Albert Fulda klagte schon 1872, dass er von den zahlreichen Programmen Kändlers „keins derselben habe auffinden können". Erst in Vorbereitung der Ausstellung zu seinem 300. Geburtstag wurden durch eine Internet-Recherche die Standorte von 35 Schriften Kändlers ermittelt und die Texte durch Kopien für die Erforschung am Ort ihres Entstehens zugänglich gemacht.

Für die zweite Auflage konnte das Schriftenverzeichnis erheblich erweitert werden. [5] Die Suche sollte jedoch nicht als abgeschlossen betrachtet werden. Die Vielfältigkeit der geistigen Interessen Kändlers lassen die Existenz weiterer Schriften, insbesondere Beiträge zu wissenschaftlichen Zeitschriften vermuten.

---

4 Spengler Museum, Beiträge zur Heimatforschung Nr. 9 (Sangerhausen 1988), S. 73-75.
5 Viele Schriften Kändlers sind inzwischen im Open Access digital einsehbar.

Zwar harren viele der inzwischen zugänglichen Schriften, zum großen Teil in lateinischer Sprache verfasst, noch der genaueren Erforschung, aber schon die erste Sichtung erlaubt einige Rückschlüsse auf Kändlers geistigen Entwicklungsweg. Die Schwerpunkte und einzelnen Phasen seines wissenschaftlichen und pädagogischen Wirkens sind jetzt schon deutlich fassbar. Und schließlich lassen sich bestimmte frühere Bewertungen, etwa der bedauernde Hinweis bei Albert Fulda und Friedrich Schmidt auf Kändlers Prägung durch die lutherische Orthodoxie, relativieren – der Blick wird frei für seine vielseitigen pädagogischen Reformbemühungen auf dem Hintergrund der Frühaufklärung in Mitteldeutschland.

Günstige Zeitumstände

Kändlers Rektorat fällt in eine für Sangerhausen insgesamt glückliche Periode. Friedrich Schmidt soll sie sogar eine „goldene Zeit" genannt haben. Wo mögen die Gründe dafür liegen? Ein wichtiges Moment war sicher, dass Sangerhausen seit dem Westfälischen Frieden (1648) mit Ausnahme einer einjährigen schwedischen Besatzung (1706 bis August 1707) fast ein Jahrhundert vom Krieg verschont blieb und so alte Wunden heilen konnte. Ein Sangerhäuser Bürgerverzeichnis aus dem Jahre 1724 weist in der Stadt 438 Häuser mit insgesamt 3207 Einwohnern nach. [6] Diese Größenordnung wird man sich vor Augen halten müssen, wenn über Kultur und Bildung in Sangerhausen in der Zeit Kändlers gesprochen wird.

Die Stadt stand allerdings nicht zufällig im Windschatten der zahlreichen Konflikte, die Deutschland auch nach dem Westfälischen Frieden durchleben musste. Der sächsische Kurfürst Johann Georg I. (1611-1656) hatte in seinem Testament verfügt, dass – neben der Nachfolge des ältesten Sohnes Johann Georg II. (1656-1680) als Kurfürst – für seine drei weiteren Söhne eigene „Landesportionen" reserviert werden sollten.

Die Einführung sogenannter „Sekundogenituren" war ursprünglich nur zur standesgemäßen Versorgung der Prinzen gedacht, sie führte aber nach Inkrafttreten des Testaments im Jahr 1656 zur Stiftung sächsischer Nebenlinien. So entstanden die Herzogtümer Sachsen-Weißenfels, Sachsen-Merseburg und Sachsen-Zeitz, die eine gewisse

---

6   Friedrich Schmidt, Geschichte der Stadt Sangerhausen, Teil 1, Sangerhausen 1906, S. 217.

politische und wirtschaftliche Selbständigkeit anstrebten und zum Teil auch erreichten. [7]

Der „thüringische Kreis" Kursachsens mit den Ämtern Weißenfels, Querfurt, Freyburg, Sangerhausen, Sachsenburg, Heldrungen, Sittichenbach, Wendelstein, Eckartsberga, Langensalza kam zur Linie Sachsen-Weißenfels. Ihr Gründer, Herzog August (geb. 1614, reg. 1657-1680) hatte nach einer Bestimmung des Westfälischen Friedens zuvor schon das Erzstift Magdeburg als weltliches Herzogtum auf Lebzeiten erhalten und residierte bis zu seinem Tode in Halle. Er war ein selbstbewusster, kluger Fürst, der sich auch als Förderer der deutschen Sprache verdient gemacht hat. Ein Denkmal setzte er sich durch Gründung der Residenz Neu-Augustusburg in Weißenfels als Zentrum des neuen Herzogtums. Weißenfels galt, wie früher schon Halle, als einer der ersten deutschen Musenhöfe, wo insbesondere die deutschsprachige Oper, aber auch Literatur und Wissenschaften blühten.

Die Geschichtsschreibung des 19. Jahrhunderts hat die sächsischen Sekundogenituren überwiegend negativ bewertet und in ihnen vor allem das Moment der Kurzlebigkeit, Zersplitterung und Kleinstaaterei gesehen. Heute treten andere Gesichtspunkte in den Vordergrund. Den kleinen Staaten Mitteldeutschlands war der Weg militärischer Machtentfaltung versperrt, sie suchten daher Ansehen durch kulturelle Repräsentation zu gewinnen. Die ersten Ergebnisse dieser neuen Sicht kamen 1999 in der Ausstellung „Die Herzöge von Sachsen-Weißenfels – Hofhaltung und Residenzen" im Museum Burg Querfurt zum Ausdruck. In diesem Zusammenhang wurden auch die Baumaßnahmen in Sangerhausen während der Herzogszeit beschrieben. Trotz der erfreulichen Neubewertung muss man sagen, dass die Forschung diesbezüglich noch sehr am Anfang steht. Es fehlt sowohl an einer umfas-

---

7 Noch immer grundlegend: Hellmuth Kretschmar, Zur Geschichte der sächsischen Sekundogenituren. In: Sachsen und Anhalt. Jb. der Historischen Kommission für die Provinz Sachsen und für Anhalt, Bd. 1, Magdeburg 1925, S. 312-343 (über Sachsen-Weißenfels) ; Bd. 3, Magdeburg 1927, S. 284-315 (über Sachsen-Merseburg und Sachsen-Zeitz).

Museum Burg Querfurt, Das albertinische Herzogtum Sachsen-Weißenfels. Beiträge zur barocken Residenzkultur, Freyburg/Unstrut 1999.

Czech, Vinzenz (ed.), Fürsten ohne Land: höfische Pracht in den sächsischen Sekundogenituren Weißenfels, Merseburg und Zeitz (Schriften zur Residenzkultur 5), Berlin 2009.

Christian
Herzog zu Sachsen
Querfurt und Weissenfels.

senden Geschichte des Herzogtums Sachsen-Weißenfels wie auch an Einzelstudien zu den fünf regierenden Herzögen. Hinsichtlich des für Sangerhausen so wichtigen Herzogs Christian (geb. 1682, reg. 1712-1736) sind wir auf wenige lexikalische Erwähnungen und verstreute Anmerkungen zu einzelnen Aspekten seiner Regentschaft, meist in kunstgeschichtlichen Werken, angewiesen. Die Weißenfelser Herzöge waren schon wegen ihrer anspruchsvollen Baumaßnahmen an einer Hebung der Wirtschaftskraft ihrer Länder und damit an friedlichen Zuständen interessiert. So hatte Herzog August schon 1657 den Sangerhäuser Bergbau nach 40 Jahren Stillstand wieder in Betrieb gesetzt und die Bergleute von Jagd-, Wacht- und Frondiensten sowie von bestimmten Steuern befreit. Seinem Nachfolger Herzog Johann Adolph (geb. 1649, reg. 1680-1697) verdankt Sangerhausen die Förderung des Marktwesens, und unter Herzog Christian wird Sangerhausen Residenzstadt.

Sangerhausen als Nebenresidenz

Christian konnte zunächst nicht damit rechnen, regierender Herzog zu werden. Sein Bruder Johann Georg (geb. 1677, reg. 1697-1712) hatte ihm 1710 Sangerhausen vertraglich als Residenz überlassen. Dies führte zu Baumaßnahmen wie der Herrichtung des neuen Schlosses, nebst Bau einer Schlosskapelle und Anlage eines Schlossgartens. Es ist bemerkenswert, dass Christian an „seinem" Sangerhausen festhielt, als er nach dem unerwartet frühen Tod seines Bruders Georg 1712 die Regentschaft in Weißenfels antrat und natürlich dort auch residierte. Er hat sich aber zeitlebens gern und häufig in Sangerhausen aufgehalten, besonders zum Kirchweihfest der (heute nicht mehr existierenden) Schlosskapelle. Sie war 1713 mit einem aufwendigen Zeremoniell eingeweiht worden. Zur Erinnerung an dieses Ereignis fanden jährlich um Trinitatis unter Anwesenheit des Herzogs feierliche Gottesdienste statt, zu Kändlers Zeit häufig ergänzt durch einen Festakt in der Aula der Stadtschule, zu dem mit anspruchsvollen Programmschriften eingeladen wurde.

Ein in jeder Hinsicht besonderes Ereignis für Sangerhausen war die Aufführung einer „Operette" – das heißt einer kleinen Oper – im Jahr 1720. Sie trägt den Titel „*Die von Amor überwundene Freiheit oder Damoetas und Euphrasia*" und wird Johann Augustin Kobelius (1674-1731) zugeschrieben. Kobelius war 1703 „director chori musici" in Sangerhausen geworden und hat neben geistlicher Musik für den Weißenfelser Hof über 20 Opern geschrieben. Sein Werk ist nur bruchstückhaft überliefert, die Partituren der Opern sind verloren, und das Libretto der in Sangerhausen aufgeführten kleinen Oper konnte erst kürzlich in der Berliner Staatsbibliothek wieder gefunden werden. Es handelt sich um ein in antiker Landschaft angesiedeltes Schäferspiel, bei dem der Hirt Damoetas vergeblich um die spröde Gärtnertochter Euphrasia wirbt. Die Abweisung einer Intrige und dadurch ermöglichte glückliche Verbindung der beiden jungen Leute wird durch ein Traumerlebnis bewirkt. Der Prolog enthält eine deutliche Huldigung an den Fürsten.

Für den Hof in Weißenfels ging unter der Regentschaft Christians die große Zeit der deutschen Oper schon ihrem Ende entgegen. Nicht nur waren die finanziellen Mittel erschöpft, es machte sich von Halle und Gotha aus auch die pietistische Kritik am „heidnischen Wesen" der Oper bemerkbar. Die Kirchenmusik trat deutlich in den Vordergrund. Christian hatte schon unmittelbar nach Regierungsantritt für sein Herzogtum ein eigenes Gesang- und Kirchenbuch (1714) erstellen lassen, das eine geistige Landesidentität stiften sollte. Autor war Johann David Schieferdecker (1671-1721). Vom ihm stammen Texte für zahlreiche kirchenmusikalische Werke – Psalmenparaphrasen, Kantaten und geistliche Oden, die für Aufführungen in Weißenfels, Querfurt und auch in Sangerhausen bestimmt waren. Belege dafür liegen aus den Jahren 1715 - 1717, 1721 - 1722, 1729, 1731 und 1737 vor.
Die starke Betonung des Religiösen unter Christian hatte auch einen politischen Hintergrund. Nachdem die sächsischen Kurfürsten wegen des Erwerbs der polnischen Krone zum Katholizismus übergetreten waren, fiel den Weißenfelser Herzögen das „evangelische Direktorium", d.h. eine Art geistlichen Regiments über die deutschen lutherischen Staaten zu. Außerdem standen zwei wichtige Jubiläen an: 1717 jährte sich der Beginn der Reformation, 1730 die Verabschiedung der Augsburgischen Konfession zum 200. Male.
Der historiographische Nachruf des Herzogs Christian ist in starkem Maße überschattet durch den immer wiederkehrenden Hinweis, dass schon kurz nach seinem Regierungsantritt ein Staatsbankrott erfolgte und das Finanzwesen des Herzogtums einer kaiserlichen Kommission unterstellt wurde. Die Schuldenlast lässt sich jedoch kaum

allein auf Christians kostspielige Pracht- und Jagdfreude, wie häufig kolportiert, zurückführen, sie ist wohl eher durch die Gesamtheit der kulturellen Investitionen seit Gründung des Herzogtums entstanden, aber schon kurz nach Christians Regierungsantritt an einen kritischen Punkt gelangt. Die Aufwendungen der Weißenfelser Herzöge hatten zwar die Staatsfinanzen strapaziert, aber die Mittel waren doch dem Land, insbesondere den Residenzen, zugutegekommen. Hier liegt wohl ein Teil der Erklärung dafür, dass in Sangerhausen die Herzogszeit noch im 19. Jahrhundert als eine „goldene Zeit" in Erinnerung war. Die Stadt blieb verschont von den Auswirkungen der Politik der sächsischen Kurfürsten, die mit dem Erwerb der polnischen Königskrone in die europäische Politik eintreten wollten und bereit waren, dies mit enormen Bestechungsgeldern und einer kostspieligen Kriegsführung teuer zu bezahlen.

Das Schulwesen zur Herzogszeit

Residenzen waren stets auch Orte, die eine höhere Schulbildung ermöglichten. Herzog August (1614-1680) hatte 1664 in Weißenfels das „Gymnasium Illustre Augusteum" gegründet. Auch sein Enkel Herzog Christian war ein Förderer dieser Bildungseinrichtung, aus der im Grunde eine Art Landesuniversität werden sollte. Man darf wohl annehmen, dass die Blütezeit der Sangerhäuser Stadtschule auch eine Auswirkung der herzoglichen Politik war. Allerdings konnte das Sangerhäuser städtische Schulwesen auf eine lange eigenständige Tradition zurückblicken. Seine Wurzeln liegen im späten Mittelalter. Genauere Quellen besitzen wir seit der Reformation (1539).

Wie in Deutschland allgemein üblich, lag die Elementarbildung der Mädchen und Jungen seit dem Mittelalter in kirchlicher Hand. So gab es bei der Jakobikirche eine Mädchenschule, bei der Ulrichkirche eine weitere Schule, die wohl von Jungen und Mädchen gemeinsam besucht wurde. Die Kinder lernten dort die Grundlagen der christlichen Glaubenslehre kennen und übten sich im Gesang für den Gottesdienst. Nur wenige lernten lesen und schreiben. Immerhin sind seit der zweiten Hälfte des 15. Jahrhunderts besoldete Lehrer bei der Jakobikirche urkundlich erwähnt.

Dagegen waren die Klöster traditionell Orte höherer Schulbildung. Zwar verfügte das gegen Ende des 12. Jahrhunderts oder Anfang des 13. Jahrhunderts gegründete Augustinerkloster in Sangerhausen über eine bemerkenswert gut ausgestattete Bibliothek, von einer ihm angegliederten Schule wird jedoch nichts berichtet. Aber es dürfte nicht zufällig sein, dass aus ihm nach der Reformation die Stadtschule hervorgegangen ist. Ein Visitationsbeschluss von 1539 besagte nämlich, dass die Gebäude des inzwischen aufgelösten Klosters in den Besitz der Stadt übergehen und eine Schule beherbergen sollten. Vermögen und Einkünfte des Klosters wurden zur Finanzierung von zunächst vier Lehrerstellen – Rektor, Konrektor, Kantor und Quartus – herangezogen. Damit war in Sangerhausen die Grundlage für eine Lateinschule gelegt, die Kindern der Stadt und des Umlandes den Weg zu höherer Bildung erschloss – durch Vorbereitung für den Besuch von Gymnasien, wie etwa der traditionsreichen Fürstenschule in Pforta.

Das Lyzeum, wie die alte Stadtschule auch genannt wurde, war eine Lateinschule für junge Männer. Grundlage des Unterrichts war hier nicht anders als in den übrigen sächsischen Landen die „lutherische Orthodoxie" – ein aus der Reformation entstandenes und in den Konkordienformeln streng fixiertes theologisches Lehrgebäude. [8] Es formulierte eine verbindliche Interpretation der Theologie Luthers in Abgrenzung nicht nur vom Katholizismus, sondern auch von den reformatorischen Auffassungen Melanchthons und Calvins. Diese autoritativ und manchmal mit dogmatischer Starrheit vertretene Lehre wirkte jedoch in den deutschen evangelischen Staaten identitätsbildend und garantierte inneren Zusammenhalt in den konfessionellen Auseinandersetzungen der nachreformatorischen Zeit.

Zentrales Unterrichtsfach war Religion. In den unteren Klassen wurde Luthers Kleiner Katechismus systematisch erlernt und rekapituliert. In den höheren Klassen konnten die theologischen Lehrsätze anhand von Hutters „Compendium" [9] vertieft und auf ihre Quellen in den christlichen Offenbarungsschriften zurückgeführt werden. Das

8   Zum Begriff und den einzelnen Entwicklungsphasen vgl: Theologische Realenzyklopädie. Bd. 25, Berlin / New York 1995, S. 464-484.

9   Leonhard Hutter (1563-1616) war ein exponierter Gegner von Melanchton und Calvin. Sein „Compendium locorum theoligicorum ex scripturis sacris et libro Concordiae collectum" (Handbuch theologischer Aussagen, aus den heiligen Schriften und dem Konkordienbuch gesammelt), erstmals Wittenberg 1610, war von Kurfürst Johann Georg I. zur Bekämpfung der unter Christian I. (1586-1591) aufgekommenen calvinistischen Bestrebungen in Sachsen als verbindliches theologisches Lehrbuch verordnet worden.

Gebäude der alten Sangerhäuser Stadtschule vor dem Abbruch im Jahr 1839, ursprünglich Teil des früheren Augustiner-Klosters. Links stand die nach der Reformation abgetragene Klosterkirche an, von der Altar und Chorgestühl in der Jacobikirche erhalten sind.

Studium der Bibel erfolgte im Unterricht anhand der lateinischen oder griechischen Übersetzung. Um die Behandlung „heidnischer", d. h. antiker Autoren im Schulunterricht wurde noch zu Beginn des 18. Jahrhunderts lebhaft gestritten. Das Lateinische hatte damals allerdings allgemeine Geltung als Wissenschaftssprache und gehörte so zu den Voraussetzungen jeglicher Bildung. Zu Kändlers Zeiten wurde neben dem Latein auch Griechisch und Hebräisch gelehrt.

Ein wichtiges Schulfach war die Rhetorik. Grammatik, Rhetorik und Dialektik bildeten seit Antike und Mittelalter das sogenannte Trivium innerhalb der Sieben freien Künste. Die Schüler sollten darin geübt werden, ihre Gedanken grammatisch und logisch richtig sowie der Form nach elegant und überzeugend darzustellen. Im Barock entwickelte sich die Rhetorik zu einer zentralen Disziplin. Sie war Grundlage der Poesie und gleichzeitig die entscheidende Qualifikation für eine theologische, juristische oder politische Karriere. Dieser traditionsgebundene Bildungskanon konnte nur langsam durch die Einführung von Geographie, Historie, Naturkunde und Französisch als eigenständige Unterrichtsfächer erweitert werden. Der Mathematikunterricht scheint Angelegenheit der Grundschule oder der unteren Klassen gewesen zu sein.

Der konservative Zuschnitt des Schulwesens ermöglichte es, dass Lehrbücher über viele Jahrzehnte, ja über Jahrhunderte im Gebrauch waren. In der Sangerhäuser Schulbibliothek befinden sich z. B. Ausgaben der lateinischen Grammatik des Rhenius (1658), der griechischen des Crusius (1614), die Rhetorik Melanchthons (1554). Anmerkungen und Eintragungen zeigen, dass diese Lehrbücher bis in Kändlers Zeit hinein benutzt worden sind. Das gleiche gilt für Wörterbücher und Ausgaben der griechischen und römischen Klassiker, die meist noch aus der Zeit des Humanismus stammen.

Die enge Bindung der Schule an die Kirche blieb über die Jahrhunderte erhalten. Stadt und Konsistorium übten das „Schulregiment" gemeinsam aus. Die Lehrer, in der Regel Theologen, wurden von der Stadt vorgeschlagen, konnten aber erst nach Überprüfung durch das Konsistorium in Leipzig – der obersten sächsischen Kirchenbehörde – berufen werden. Sie wurden auf das Konkordienbuch vereidigt, den Superintendenten oblag die Aufsicht über das städtische Schulwesen. Die periodischen Prüfungen wurden zeitweise auf dem Rathaus vor den Bürgermeistern abgelegt, die Stadträte konnten sich auch sonst jederzeit von den Leistungen der Stadtschüler ein Bild machen, und sie griffen bei Verstößen gegen die Disziplin strafend ein.

Der Studie von Albert Fulda verdanken wir die Kenntnis von Stundenplänen aus den Jahren 1705 und 1753. Sie zeigen ein anspruchsvolles Niveau gymnasialer Bildung an der Sangerhäuser Stadtschule. Es wurde im Laufe von Jahrzehnten erreicht dank gut ausgebildeter Lehrer, ebenso aber auch aufgrund der Bemühungen von seiten der Stadt und des Konsistorium um eine zeitgemäße Fortentwicklung der „Lehrart" an der Stadtschule. Vor dem Amtsantritt Kändlers gab es Reformanstöße in den Jahren 1705, 1715 und 1725.[10] Kändlers unmittelbarer Vorgänger, Magister Johann Christian Stemler, wechselte im Frühjahr 1730 auf eine Rektorenstelle in Naumburg und wurde später Generalsuperintendent. Die vakante Stellung in Sangerhausen war also durchaus ein Sprungbrett für größere Karrieren und stellte damit auch hohe Anforderungen an die Bewerber.

Zudem wurde 1730 im ganzen Herzogtum der Verabschiedung der Augsburgischen Konfession gedacht. Am 25. Juni 1530 hatten die zur Reformation entschlossenen deutschen Fürsten und Städte auf dem Reichstag in Augsburg eine Schrift mit 28 Artikeln vorgelegt, die den Kern der neuen Theologie zum Ausdruck brachte. Die Annahme der Augsburgischen Konfession (Confessio Augustana, heute meist als Augsburger Bekenntnis übersetzt) durch Kaiser Karl V. leitete den Prozess einer staatsrechtlichen Anerkennung der Reformation in Deutschland ein. Über die Feierlichkeiten zum 200. Jahrestag dieses Ereignisses in Weißenfels berichtet Zedlers Universallexikon:

„Bei dem andern Jubel-Feste dieses Jahrhunderts, welches S(ein)e Hochfurstl(iche) Durchl(aucht) ebenfalls mit gantz ungemeinem Christ-Fürstlichem Eyfler, in Dero Residentz zu neuen Augusts-Burg, begieng, wurden folgende Solennitäten angeordnet: Es ward in der Schloß-Capelle acht Tage vorher, den II. Sonntag nach Trinitatis, eine Vorbereitungs-Betstunde Nachmittags, und die folgenden Tage zwey Bet-Stunden täglich, bis donnerstags Nachmittags, und also zusammen 9 Bet-Stunden, mit Verlesung der Augsburgischen Konfession und besonders darzu verfertigten Gebeten, gehalten. Am Jubeltag selbst geschähe der Angang des Morgens, nach Anschlagung der Bet-Glocke, um 5 Uhr, mit 100

10 Vgl. Schmidt, Geschichte der Stadt Sangerhausen, Bd. 2, S. 34 f.

Canonen-Schüssen, nebst dreymaliger Salve von der Grenadier-Garde, welcher die Läutung mit allen Glocken, wie auch die Abblasung geistlicher Lieder von den Türmen, folgte. Bey angehendem Gottesdienst communicirten S(ein)e Hochfürstl(iche) Durchl(aucht) nebst dero Frau Gemahlin öffentlich, wohneten auch der doppelten Predigt mit grössester Andacht bey. In der Schloß-Capelle selbst, waren in dem Chore des Altars vier Säulen aufgerichtet, auf deren jeder ein rothsammeter Fürsten-Hut auf einem dergleichen Kissen lag, zwischen welchen die Vorstellung der Seßion zu Augspurg bey Verlesung der Confeßion, doppelt gemahlet, zu sehen war. Folgendes Tages wurden abermahl, um vor-gemeldete Zeit, 50 Canonen-Schüsse, mit der Salve von denen Grenadiers, gehöret, welches auch den dritten Tag also, mit Läutung aller Glocken und Abblasung geistreicher Lieder, wie auch der Musicalischen Vesper, erfolgete. Mittwochs darauf giengen die mehresten Kinder der Stadt, an der Zahl von etlichen Hunderten, auf gnädigsten Befehl mit Cräntzen gezieret, im Beysein ihrer Präceptoren, durch den Schloß-Hof und in der Stadt herum, welche, nicht ohne Bewegung der Zuschauer, die geistreichesten Lob- und Danck-Lieder nach einander absungen. Hierauf hörte S(ein)e Hochfürstl(iche) Durchl(aucht) zwey Orationen, davon die erste von dem Superintendenten, Johann Michael Schumann, in der Kloster-Kirche, de Augustana confessione amica veritatis; die andere aber von dem Rector des Gymnasii, Magister Christian Reineccius, de Augustana confesione tamquam Symbolo catholico, in dem Gymnasio Illustri gehalten ward, in höchster Person mit an, und geschähe der solenne Aufzug darzu, von dem Schlosse zu der Neuen-Augustsburg, unter Läutung aller Glocken der Stadt, und Lösung der Stücke, folgendermaßen: Voran giengen zwey bürgerliche Marschalle, welche den gesammeten Stadt Rath führten, diesem folgeten zwey andere vor den Land- Stadt- und Schloß-Ministerio, nachdem zwey dergleichen, welche das Gymnasio Illustre aufführeten, denen die Fürstliche Regierung, Cammer und andere Fürstliche Collegia, mit ihren Marschallen, folgeten, alsdann ein Chor von Trompeten und Paucken, ferner die sämmtlichen Cavaliers mit ihren Adlichen Marschällen, sodann S(ein)e Hochfürstl(iche) Durchl(aucht) in Dero mit 6 Pferden bespannten Carosse, vor welcher der Hof- und Haus-Marschall, mit ihren Marschall-Stäben, hergiengen, bey welcher auch neben her die Schweitzer- Guarde mit ihren Partisanen, zu sehen waren. Dieser folgete die ganze Jägerey, nebst der Grenadier-Guarde mit klingendem Spiele, wobei die gantze Bürgerschaft in Parade stand.

S(ein)e Hochfürstl(iche) Durchl(aucht) saß bei jeder Oration unter einem rothsammeten Baldachin, auf einem silbernen Fürstl(ichen) Stuhle, und coninuierte Donnerstags darauf eben dergleichen Aufzug, mit Anhörung zweyer Orationen, welche in dem Gymnasio Illustri, von L(ektor) Christian Ludewig Büttnern, de singulari processu reformationis, und von M(agister) Johann Gottfried Leo, de eo quod exhibita Aug. conf. Dign. sit anno jubileo, gehalten wurden. Den Freytag ließ S(ein)e Hoch Fürstl(iche) Durchl(aucht) auf dem Schloß-Hofe aus zwey Fontainen Wein springen, und selbigen Preiß geben. (...) Die folgenden Orationen, welche noch zu dem Beschlüsse diese Solennität zu halten waren, wurden (...) gedruckt nebst denen vorigen angezeiget..."

Dieser Bericht zeigt das Muster auf, nach dem auch in Sangerhausen der Augsburgischen Konfession gedacht werden sollte. Von dem neuen Rektor war zu verlangen, dass er in ähnlicher Weise wie seine Weißenfelser Kollegen vor Herzog Christian als Gelehrter auftreten und den lutherischen Glauben eindrucksvoll darlegen konnte. Die Wahl fiel also nicht zufällig auf einen jungen Leipziger Magister, der bei seiner Bewerbung drei akademische Schriften vorlegen konnte und über Lehrerfahrung an einer Universität verfügte.

Kändlers Berufung nach Sangerhausen
Die feierliche Einführung Kändlers als Rektor der Sangerhäuser Stadtschule erfolgte am 26. Mai 1730 durch den Superintendenten Johann Gottfried Olearius, der dazu ein Programm mit dem bezeichnenden Titel „De meritis Germanorum in studia humanitatis" [11] verfasst hatte. Kändler trat bald nach seiner Ernennung zum Rektor mit zwei Vorträgen an die Sangerhäuser Öffentlichkeit, die in kurzem Abstand folgten.

Am 8. Juni 1730 trug er aus Anlass des Kirchweihfestes der Schlosskappelle den ersten Teil seiner Studie über die griechische Übersetzung der Augsburger Konfession vor. Der zweite, umfangreichere Teil folgte dann am 28. Juni auf einer Festsitzung in der Aula der Stadtschule im Rahmen der Feierlichkeiten aus Anlass des 200. Jahrestags der Augsburgischen Konfession. Kändler präsentierte sich der Sangerhäuser Öffentlichkeit dabei als ein Gelehrter, der die

---

11 Über die Verdienste der Deutschen in den Geisteswissenschaften. Vgl. Schriftenverzeichnis Nr. 64.

theologische und historische Literatur seiner Zeit souverän beherrschte und auf philologische Feinheiten einzugehen vermochte. Vor allem aber wollte er an seinem neuen Wirkungsort als Hüter traditioneller Werte des Luthertums verstanden werden.

Die beiden Antrittsreden des neuen Rektors wurden auch als Programme [12] gedruckt. Kändler griff eine interessante Episode der neueren Kirchengeschichte auf und erinnerte an den Versuch württembergischer Reformatoren, durch Übersetzung der Confessio Augustana ins Griechische und Kontaktaufnahme mit Jeremias II., dem ökumenischen Patriarchen von Konstantinopel, [13] Möglichkeiten zur Überwindung des Schismas zwischen der östlichen und westlichen Kirche auszuloten, wobei die westliche Kirche mit der lutherischen identifiziert wurde. Dieser Ansatz ging deutlich über die üblichen öffentlichen Bekenntnisse eigener Glaubenssicherheit hinaus. Auch später hat Kändler trotz seiner festen Verankerung im Luthertum wiederholt Interesse für andere Konfessionen bekundet und sich gegen kontrovers-theologische Zänkereien verwahrt.

Wie mag man in Sangerhausen auf den Kandidaten Kändler gestoßen sein? Wie mag Kändler in Leipzig von der Vakanz in Sangerhausen erfahren haben? Die Stadt stand mit der Universität Leipzig in vielfältiger Beziehung. In Leipzig hatte das Konsistorium als oberste Schulbehörde seinen Sitz, die Universität übte die Zensur über Sangerhäuser Druckschriften aus. Für den Ankauf des Klostergutes von St. Ulrici im Jahr 1544 hatte die Stadt der Universität Leipzig noch im 18. Jahrhundert jährlich Raten und Zinsen in Höhe von 200 Gulden zu zahlen. Diese kamen der Leipziger Stipendiatenkasse und damit sicher auch Studenten aus Sangerhausen zu Gute. Der Sangerhäuser Mäzen Rentmeister Caspar Tryller hatte der Universität Leipzig 1617 ein Kapital von 5.900 Gulden vermacht. Aus den Zinsen erhielten jährlich

---

12 Augustanae confessionis Graece translatae historia (Geschichte der griechischen Übersetzung der Augsburgischen Konfession), 2 Teile, Leipzig 1730. Vgl. auch Schriftenvereichnis Nr. 5, 6.

13 Es handelt sich um die Mission von Stephan Gerlach d. Ä. (1545-1616). Vgl. Wendebourg, Dorothea, Reformation und Orthodoxie. Der ökumenische Briefwechsel zwischen der Leitung der Württembergischen Kirche und Partriarch Jeremias II. von Konstantinopel in den Jahren 1573-1581. In: Forschungen zur Kirchen- und Dogmengeschichte 37, Göttingen 1987, S. 155-163.

12 Studenten im Kollegium Paulinum Wohnung und freie Kost. Wie wir wissen, war Kändlers akademischer Lehrer, Professor Klausing, dort Stipendiaten-Ephorus, Kändler selbst war an der Paulinerkirche Abendprediger geworden und hatte über diese Verbindungen sicher Kenntnis von den Verhältnissen in Sangerhausen.

Schulleben in Sangerhausen im 18. Jahrhundert

Aus den ersten Jahren seiner Amtstätigkeit in Sangerhausen sind außer Kändlers Schriften und einzelnen Hinweisen auf seine Bemühungen zur Ordnung des Chorwesens [14] keine Archivalien bekannt geworden, die uns näheren Aufschluss über seine pädagogische Tätigkeit geben könnten. Wir sind allerdings durchaus in der Lage, uns ein allgemeines Bild von den Schulverhältnissen zu machen, wie sie Kändler in Sangerhausen angetroffen hat.

Bildung war seit alters ein Gut, für das gezahlt werden musste. Das Schulgeld für den öffentlichen Unterricht an der Sangerhäuser Stadtschule betrug 3 Groschen pro Quartal und ging an den Lehrer der jeweiligen Klasse. Die Prüfungen waren zusätzlich kostenpflichtig. Dem Rektor stand für diese Leistung 1 Gulden, den Lehrern der unteren Klassen jeweils 1/2 Gulden zu. Auswärtige Schüler zahlten doppeltes Schulgeld und ein Einführungsgeld in Höhe von jeweils 1 Gulden für Rektor und Klassenlehrer.

Die Schüler hatten auch eigene Einnahmen. Zu ihren Pflichten gehörte der Kirchengesang. Dafür gab es Chorgelder. Bei Trauerfeiern fielen für die musikalische Umrahmung sogenannte „Leichengelder" an. Ärmere Schüler waren auf das „Kurrendesingen" angewiesen. Sie zogen in regelmäßigen Abständen durch die Viertel der Stadt und erhielten für ein Ständchen vor der Haustür wohlhabender Bürger den Kurrendegroschen. Für Schüler, die sich durch ihre Leistungen auszeichneten oder über Beziehungen verfügten, standen Stipendien aus verschiedenen „Legaten", d.h. in Kapital angelegten Erbschaften zur Verfügung. Zu den begehrten Sangerhäuser Legaten, aus denen Lehrer und Stipendiaten Einkünfte hatten, gehörten die Stiftungen des

---

14 Vgl. Hans Ahr, Sangerhäuser Schulverhältnisse im 18. Jahrhundert. In: Spengler Museum, Beiträge zur Heimatforschung, Nr. 9, S. 74. Auch: Schmidt, Geschichte der Stadt Sangerhausen, Bd. 2, S. 49-52.

kursächsischen Rentmeisters Kaspar Tryller (1542-1625) sowie des Kammerkommissions- und Sangerhäuser Ratsherrn Kaspar Jakob Mogk (1668-1741).

Ein freudiger Höhepunkt im Schulleben war der Gregoriustag am 12. März eines jeden Jahres. Die Jungen und Mädchen der Schulen zogen singend mit großen Tüten von Haus zu Haus und sammelten, was die Bürger zu geben bereit waren: getrocknetes Obst, Wecken und andere Süßigkeiten wurden noch am gleichen Tag im Schulhaus verzehrt, wo die Frauen der Lehrer warme Getränke bereithielten. Das gesammelte Geld wurde öffentlich gezählt und war dem Rektor zu übergeben. Er erhielt ein Zehntel der Kollekte und gab dafür seinen geehrten Kollegen ein Abendessen. Der Rest wurde am kommenden Tag zu gleichen Teilen unter die Jungen und Mädchen aufgeteilt. Da mit dem Gregoriustag häufig auch die Einschulung verbunden war, wird auf ihn der Brauch der Zuckertüte zurückgeführt. Der Festtag geht auf eine Verfügung von Papst Gregor IV. zurück. Er wollte um 830 an seinen gelehrten Vorgänger, Gregor I., „den Großen" (lebte 540-604), erinnern, der seit dem frühen Mittelalter als Patron der Schuljugend galt.

Die Reformation hat das Sangerhäuser Schulwesen inhaltlich gründlich umgestaltet, im Brauchtum der Schule blieb jedoch manch ältere Tradition lebendig. So freuten sich die Kinder neben dem Gregoriustag auch auf weitere Feste im Kirchenjahr wie „Mariae purificationis" (Mariä Reinigung oder Lichtmess, 2. Februar), und „Mariae assumptionis" (Mariae Himmelfahrt, 15. August), die schulfrei waren. Einen halben Tag gab es am Hochzeitstag des Rektors, oder, wenn dieser Junggeselle war, zu seinem Geburts- bzw. Namenstag. Anlass zu Schulfeiern war auch der Geburtstag des Herzogs (Christian am 23. Februar) sowie der Tag der Kirchweihe der Schlosskapelle (11. Juni).

Ein ganz besonderer Anlass zu einer Schulfeier war jedoch gegeben, wenn ein Schüler die notwendige Reife zum Besuch der Universität erreicht hatte. Die vorhergehenden Prüfungen wurden zeitweise auf dem Rathaus im Beisein der Bürgermeister oder anderer Ratsherren vorgenommen. In der Aula der Stadtschule fand dann ein „Valedikation-Actus" statt, bei dem der verabschiedete Scholar selbst eine Rede hielt, gefolgt von Darbietungen seiner Mitschüler. Die Feier endete mit einem Festessen, für das die Familie des Abiturienten aufzukommen hatte. Über diese Veranstaltungen sind wir unterrichtet,

weil Rektor Kändler dazu mit besonderen gedruckten „Programmen"
einlud, in denen er Gelegenheit nahm, die Früchte seiner eigenen
Gelehrsamkeit mitzuteilen.

Kändler als Publizist und Gelehrter
Kändlers frühe Arbeiten sind im Grenzgebiet zwischen Philologie,
Geschichte, besonders Kirchengeschichte, und Theologie angesiedelt.
Eine der beiden aus der Leipziger Zeit erhaltenen Schriften „De vatici-
niis immediata theopneustia destitutis" (Über die durch göttliche Ein-
gebung widerlegten Weissagungen) behandelt überwiegend an
Beispielen aus der antiken Literatur die Rolle von Weissagungen im
Sinne prophetischer Worte aus dem Munde (vorchristlicher) Denker.
Die Argumentation geht dabei in starkem Maße von der Etymologie
des Wortes „vates" (Seher) aus. Der Status dieser als „Dissertation" be-
zeichneten Schrift ist noch nicht geklärt. Kändler wird in dem umfang-
reichen Titel der Schrift als „praeses" (Vorsitzender), ein Student der
Theologie, Anton David Heinrich Schweder, als „respondens" (Ant-
wortender) bezeichnet, sodass unklar bleibt, wer als eigentlicher Autor
dieser Dissertation anzusehen ist.

Aus dem Gedankenkreis universitärer Diskussionen schöpft eine
Schrift Kändlers, die noch im Antrittsjahr 1730 neben den beiden Studien aus Anlass des 200. Jahrestages der Augsburgischen Konfession
in Sangerhausen entstanden ist. Sie sucht die These zu widerlegen,
dass höhere Bildung die religiöse Bindung gefährde und im Extremfall
zum Atheismus führe. [15] Die Argumentation richtet sich gegen ultra-
konservative Kreise, die sich durch den von Thomasius und Wolff ver-
tretenen Rationalismus herausgefordert fühlten. Kändler positionierte
sich damit als ein von der Aufklärung beeinflusster, aber im Luthertum
fest verankerter Pädagoge. Eine ähnliche Thematik sollte er Jahre später, 1745, noch einmal aufgreifen, als er – offensichtlich im Rahmen
einer größeren Diskussion über Lehrinhalte – die Lektüre heidnischer
Autoren im altsprachlichen Unterricht ausdrücklich verteidigte. [16]

Als gelehrter Interpret und Apologet Luthers präsentierte sich
Kändler in zwei Schriften aus den Jahren 1731 und 1732, in denen er
nachwies, dass der Reformator keineswegs als Umstürzler zu verstehen

---

15 Schriftenverzeichnis Nr. 4.
16 Schriftenverzeichnis Nr. 32-34 und 36.

24

sei, der legitime politische Herrschaft abgelehnt habe. Ein Stein des Anstoßes für diese Untersuchung mag gewesen sein, dass Kändler auf eine Äußerung des sächsischen Herzogs Georg des Bärtigen (geb. 1471, reg. 1500-1539) gestoßen war, mit der dieser der Reformation abgeneigte Landesherr die Sangerhäuser wegen ihrer Anhänglichkeit an die alte Lehre gelobt hatte. Kändler war auf diesem Wege von vorwiegend philologisch-theologischen Fragestellungen zu Problemen der Geschichte seiner neuen Heimatstadt gelangt.

Die Programme aus dem Jahr 1730 kündigen erstmals auch Schülerbeiträge an. Kändler erschloss jungen Menschen die Möglichkeit, frühzeitig ihre Fähigkeiten öffentlich unter Beweis zu stellen, und sorgte so für eine Verbindung der Schule mit dem gesellschaftlichen Umfeld. Häufigster Anlass hierzu war der jährliche Magistratswechsel zu Epiphanias (6. Januar). Der Magistrat war eine gewählte Stadtregierung, die sich aus den Reihen der wohlhabenden Bürger rekrutierte und von bestimmten Familien gehalten wurde. [17]

In dem für Kändler in publizistischer Hinsicht außerordentlich ertragreichen Jahr 1733 griff er seine Studien zu Übersetzungsproblemen wieder auf, indem er lateinische und griechische Versionen protestantischer Kirchenlieder vorlegte und philologisch analysierte. Fortsetzungen dieser Arbeit erschienen in den Jahren 1734 (Teil 2), 1746 (Teil 3), 1754 (Teil 4) und 1755 (Teil 5). [18] Ein weiteres Thema, das ihn über Jahre hinweg beschäftigte, betraf die Namen religiöser Kultstätten, „nomina templorum", wobei er Beispiele aus der heidnischen Antike, dem Judentum und schließlich auch aus christlicher Zeit untersuchte. Kändler hat damit im Grunde Bahnen der späteren Patroziniumforschung betreten.

Arbeiten zur Sängerhäuser Stadtgeschichte

Seit 1733 beschäftigte sich Kändler intensiv mit der Sangerhäuser Stadtgeschichte und inspirierte dazu auch seine Schüler. [19] Im Februar veröffentlichte er aus Anlass des „Geburts-Festes des Durchlauchtigsten Fürsten und Herrn Christiani, Herzogen zu Sachsen" seine erste

---

17 Vgl. Herbert Wein, Geschichte der Entstehung und Verfassung der Stadt Sangerhausen, Sangerhausen 1996, S. 122-152.
18 Schriftenverzeichnis Nr. 11, 40, 48, 49.
19 Vgl. Schmidt, Geschichte der Stadt Sangerhausen, Bd. 2, S. 39.

Schrift in deutscher Sprache. Sie handelte von der „gnädigen Vorsorge des Hauses Sachsen vor die emigrierende Salzburger". Kändler hatte den Durchzug von 54 Wagen mit 935 aus Salzburg vertriebenen Protestanten durch Sangerhausen am 29. August 1732 selbst miterlebt und konnte authentisch über das Zeremoniell berichten, mit dem Magistrat, Pastoren und Bürger den Emigranten bei ihrem Durchzug durch Sangerhausen geistlichen Trost und Fürsorge zukommen ließen. [20]

Kändlers Darstellung dieses Ereignisses erschöpft sich jedoch nicht in chronistischen Aufzeichnungen. Er stellt den stadtgeschichtlichen Vorgang in einen größeren politischen Zusammenhang, indem er die staatrechtliche Problematik von Vertreibung (Verstoß gegen die Bestimmungen des Westfälischen Friedens, Démarche der evangelischen Staaten beim Kaiser) anspricht und die dazu bereits erschienene Fachliteratur auflistet.

Kändler hatte offensichtlich gute Informationsquellen. Ein weiterer Gesichtspunkt war, dass er die Verdienste der sächsischen Herrscherhäuser deutlich ins Licht stellte, ohne dabei in serviles Lob zu verfallen. Sein Stil verrät einen ungemein sachlichen und souveränen Umgang mit einer Materie, die die Gemüter in Deutschland stark erregt hatte. So war es ihm auch ein Anliegen, auf die Stimmen aus dem katholischen Lager, die sich gegen die Vertreibung der Protestanten ausgesprochen hatten, hinzuweisen.

Zum Kirchweihfest der Schlosskapelle im gleichen Jahr erschien eine weitere Schrift Kändlers, die sich mit einem früheren Ereignis der Stadtgeschichte beschäftigte, und zwar mit einem 1577 von Kurfürst August (1553-1586) nach Sangerhausen einberufenen Kolloquium[21] über den Erbsündestreit. Die Wortführer des Rededuells im Sangerhäuser Rathaus waren auf Seiten der Flacianer Cyriakus Spangenberg, während Jacob Andreae, Kanzler der Universität Tübingen, die Mehrheitsmeinung der Reformatoren in dieser Frage vertrat.

Im folgenden Jahr, 1734, griff Kändler eine lobende Bemerkung Luthers über die Sangerhäuser [22] auf und untersuchte in einer weiteren Studie, die erstmals auch unmittelbar historische Quellen verwendete,

---

20 Schriftenverzeichnis Nr. 12, vgl. auch Friedrich Schmidt, Geschichte der Stadt Sangerhausen, Bd. 1, S. 167-169. Kändler spricht von 938 Personen.

21 Schriftenverzeichnis Nr. 10. Dazu: Neumeier, Helmut, Jakob Andeae im Streit mit Cyriakus Spangenberg. Quellen zur Disputation von Sangerhausen 1577.. In: Blätter für württembergische Kirchengeschichte 95 (1995), 49-88.

die Stellung der Stadt Sangerhausen zu den wechselnden Landesherr-schaften.[23]

Zum 200. Jubiläum der Einführung der Reformation in Sangerhausen, 1736, veröffentlichte Kändler einen Überblick über die Geschichte der Stadtschule, die mit dem Reformationsjubiläum ebenfalls auf 200 Jahre ihres Bestehens zurückblickte. Konnte er hierbei noch auf Samuel Müllers (1592-1662) Sangerhäuser Chronik, die 1731 im Druck erschienen war, zurückgreifen, so betrat er mit seiner Schrift über die Heilige Jutta von Sangerhausen – *„De vita et rebus gestis Sanctae Iuttae de Sangerhausen patronae Borussiae ... commentarius"* – Neuland. Kändlers Studie markiert in der Jutta-Literatur den Übergang von der Hagiographie zur quellenkritischen Biographie, sie war die erste und sollte lange Zeit die einzige in Deutschland erschienene Monographie über diese bedeutende Persönlichkeit aus dem Sangerhäuser Mittelalter bleiben. [24]

Erst ein Jahrzehnt später, 1750, griff Kändler noch einmal ein stadt-geschichtliches Thema auf und veröffentlichte den ersten Teil seiner *„Geschichte des Augustiner-Klosters"*. Diese Arbeit ist von Friedrich Schmidt negativ kommentiert worden – nicht ganz zu Recht. In der positivistischen Sicht des 19. Jahrhunderts musste es freilich befremdlich wirken, wenn Kändler seine Geschichte des ältesten Sangerhäuser Klosters mit Erläuterungen über den Kirchenvater Augustinus beginnt und die Entwicklung monastischen Lebens allgemein behandelt, um erst zum Schluss einige konkrete Fakten bezüglich der Gründungszeit und der Auflösung des Klosters nach der Reformation mitzuteilen. Kändler ging es als Pädagogen und auch in seiner wissenschaftliche Publizistik weniger um das quellenmäßig belegte Detail als vielmehr um Verstehen von Geschichte im Sinne der richtigen Einordnung konkreter Gegebenheiten in größere Wissenszusammenhänge.

Beschäftigung mit Sangerhäuser Urkunden

Es wäre aber falsch, anzunehmen, dass Kändler den Wert histori-scher Quellen verkannt hätte. Im Gegenteil. Es wird vermutet, dass er

22 Schriftenverzeichnis Nr. 7

23 Schriftenverzeichnis Nr. 13

24 Übersetzung von Ulrich Höroldt, Sangerhausen 2002. Vgl. Nemes, Balász J., Jutta von Sangerhausen eine "neue Heilige" im Gefolge der Hl. Elisabeth von Thüringen? In: Zeitschrift für thüringische Geschichte 63 (2009), S. 39-73.

der Urheber des Rudolstädter Urkundenbuches ist. Das vierbändige Werk enthält Abschriften Sangerhäuser Urkunden beginnend mit dem Jahr 1274. Es harrt, was die Klärung der Autorschaft und den Anlass seiner Entstehung betrifft, noch der wissenschaftlichen Erforschung. Das gleiche gilt für ein weiteres im Thüringischen Staatsarchiv Rudolstadt aufbewahrtes Manuskript unter dem Titel *„Memorabilia Sangerhusana ad Supplendum aliquo modo Chronicon collecta a M. Chr. G. Kaendlero"* (Sangerhäuser Denkwürdigkeiten, in gewisser Weise die Chronik ergänzend, gesammelt von Magister Chr. G. Kaendler). Eine Inhaltsangabe bei Friedrich Schmidt zeigt, dass mindestens ein Teil des Manuskripts, nämlich die *„Collectanea ad antiquitates Sangerhusana"* (Sammlung von Schriften über Sangerhäuser Altertümer) auf Johann Friedrich Hoffmann (1710-1759) zurückgeht. [25] Hoffmann war ein gelehrter Zeitgenosse Kändlers, der neben naturwissenschaftlichen Schriften auch stadtgeschichtliche Studien hinterlassen hat. 1752 wurde er Bürgermeister, Bergrichter und Oberstadtschreiber zu Sangerhausen. Das Rudolstädter Manuskript enthält unabhängig von einander entstandene Aufzeichnungen zur Sangerhäuser Stadtgeschichte von Kändler und Hoffmann, wobei dem Kopisten der Zusammenhang und die Autorschaft der einzelnen Teile wohl nicht deutlich waren.

Pädagogische Traktate

1737 veröffentlichte Kändler die erste der drei *„Abhandlungen von Schul-Bibliothecken"*, in denen er ausführte, „wo eine anzulegen sey, von wem und durch was Mittel solches geschehen solle, was für Bücher in dieselbe sonderlich zu schaffen (seien), was für Hindernisse sich dabei finden, ingleichen von dem Nutzen und dem Gebrauch der Schul-Bibliotheken". Kändler war der Ansicht, dass in Schulbibliotheken angesichts der steten Veränderung der Wissenschaften „alle Bücher eine Stelle haben, welche zu den Sprachen und Künsten eine Anleitung geben, wodurch der Nutzen eines Gelehrten, insbesondere und des gemeinen Wesens, überhaupt befördert werde". Mit dieser Schriftenreihe wendete sich Kändler stärker den Problemen seines unmittelbaren Wirkungskreises zu. Als Gelehrter mit vielseitigen Interes-

25 Über Hoffmann vgl. Friedrich Schmidt, Geschichte der Stadt Sangerhausen, Bd.. 2, S.198f.

26 Vgl. Katalog der St. Ulrichs-Bibliothek zu Sangerhausen, Sangerhausen: Arendt 1897.

sen war er natürlich stark daran interessiert, stets Zugang zu wissenschaftlichen Informationsquellen zu haben, das gleiche Anliegen hatte er aber auch als Pädagoge, da er in seinen Schülern im Grunde junge Gelehrte sah, die zu eigenständigem Forschen befähigt werden sollten.

In Sangerhausen gab es seit alters Bibliotheken bei den beiden Kirchen, in der Stadtschule waren sicher einzelne Bestände der Bibliothek des 1539 aufgelösten Augustiner-Kloster verblieben. [26] Kändler wollte mit seiner Schriftenreihe über die Schulbibliotheken vor allem Sponsoren für eine zeitgemäße Ausstattung der Sangerhäuser Schulbibliothek gewinnen. Einige Bestände sind bis heute in der Marienbibliothek in Halle erhalten geblieben. Die Widmungen in verschiedenen Büchern zeigen, dass sein Appell durchaus auf positive Resonanz gestoßen war.

Zu seinen Vorstellungen gehörte auch, dass Schulbibliotheken zugleich öffentlich, d.h. für jedermann in der Stadt zugänglich sein sollten und in ihrem Sammlungsauftrag nicht eingeschränkt werden durften. Aufgabe eines Praeceptors war es, die Bestände sachgerecht zu verwalten und sie durch Katalogisierung dem Benutzer gezielt aufzuschließen. Schulbibliotheken galten ihm als unerlässliches Hilfsmittel für die Recherche, die jedem Unterricht und jeder gelehrten Äusserung zugrunde liegen sollte. Im Rhetorik-Unterricht war zu üben, wie die Ergebnisse von Nachforschungen wirkungsvoll dargelegt werden konnten. Kändler hat dieses Schulfach in wohl einmaliger Weise zu einer selbständigen Institution innerhalb der Schule ausgebaut.

Die Redekunst war seit dem Barock eine der wesentlichen Qualifikationen für theologische, juristische oder politische Karrieren. Dabei unterschied Kändler deutlich zwischen Disputation und Oratorie. In einem „Disputatorischen Practicum", das jeweils mittwochs abgehalten wurde, sollten die Schüler lernen, zu vorgegebenen Thesen selbständig Argumente zu sammeln, sie logisch zu ordnen und im Streitgespräch zu verteidigen. In dem sonnabends abgehaltenen „Oratorischen Practicum" Kändlers lag der Schwerpunkt stärker auf der kunstgerechten Darstellung eines Sachverhaltes. Sie sollte eindrucksvoll überzeugenden und die Zuhörer für den Vortragenden einnehmen.

Das Oratorische Praktikum fand offensichtlich sehr großen Anklang, zumal es in Form einer Schüler-Societät mit strengen Regeln organisiert war. Unter Kändlers Anleitung behandelten die Schüler in Vorträgen historische Themen, darunter auch stadtgeschichtliche, aber auch aktuelle Probleme in erstaunlicher Breite. Viele dieser Reden wurden zu besonderen Anlässen öffentlich vorgetragen, zum Teil sogar gedruckt. Darüber hinaus sind viele von ihnen dokumentiert in der großformatigen Handschrift A61, die heute in der Marienbibliothek in Halle aufbewahrt wird.

Kändlers „Lehrart" und die konservative Kritik

In den vierziger Jahren des 18. Jahrhunderts scheint das Sangerhäuser Schulwesen in eine Krise geraten zu sein, die sich zunächst in Disziplinlosigkeiten bei Schülern und Lehrern zeigte und offensichtlich eine breitere Diskussion über Ziele und Inhalte des schulischen Unterrichts auslöste. Kändler sah sich veranlasst, seine „Lehrart" in einem Programm für den Ratswechsel im Jahr 1743 darzustellen und zu begründen. [27] Er wies darauf hin, dass die didaktischen Richtlinien, die der Hallenser Professor Christoph Cellarius (1638-1707) für die Sangerhäuser Stadtschule im Auftrag des Stadtrates entworfen hatte und die seit 1705 die Geltung einer Vorschrift hatten, nach fast einem halben Jahrhundert durch die Entwicklung der Wissenschaften überholt waren.

Kändler legte vor dem „hochedlen Raths-Collegium" dar, wie und mit welchen Zielen und Lehrbüchern bzw. Texten er die Fächer Theologie, Philosophie, Rhetorik (Disputation und Oratorie), Historie, Geographie und Poesie (in den alten Sprachen sowie in Deutsch und Französisch) unterrichtete. Er begründete dabei auch die Einbeziehung der Zeitungslektüre in den Unterricht: „Die gegenwärtige Verfassung der Welt stehet in keinen Büchern, sondern muss aus der Erfahrung erlernet werden, wozu die öffentlichen Zeitungen dienen." Kändler wollte durch Einbeziehung moderner Medien in den Unterricht eine enge Verbindung der Schule mit dem Leben und dem Fortschritt der Wissenschaften erreichen. Seine pädagogische Konzeption entsprach dem Motto "theoria cum praxi" von Leibniz und zeigt deutlich eine Verankerung seines Denkens in der frühen Aufklärungsphilosophie.

Die pädagogischen Anschauungen von Kändler blieben nicht unwidersprochen. In einer konservativen Leipziger Zeitschrift wurde er wegen seiner Ausführungen zum Religionsunterricht anonym heftig angegriffen. Dabei hatte sich Kändler deutlich gegen die Auffassung ausgesprochen, dass Frömmigkeit eine „Beschäftigung für das graue Alter" sei, aber er verlangte vom Unterricht eine umfassende Darle-

---

27 Schriftenverzeichnis Nr. 32, S. 3.

gung der Grundsätze der Religion. Von dem Angriff ließ sich Kändler nicht einschüchtern. Er wies nun auch deutlich auf die Mängel des damals obligatorischen theologischen Handbuches von Leonhard Hutter hin und verlangte eine kritische Handhabung im Unterricht.

Diese Auffassung brachte ihn den Vorwurf „besonderer Gedanken von der Theologie", d. h. einer Abweichung vom orthodoxen Luthertum ein. Kändler beantwortete diese Vorwürfe sowie die Replik von Johann Friedrich Neunhofer im folgenden Jahr mit einer Streitschrift, in der er seine Auflassungen nicht nur bekräftigte, sondern die geäußerte Kritik an Hutters Handbuch mit weiteren Argumenten vertiefte. Diese Kontroverse zeigt, dass die auf Albert Fulda zurückgehende Beurteilung Kändlers bei Friedrich Schmidt mit der Feststellung – „sein theologischer Standpunkt ist der damalige orthodoxe" – doch einer Differenzierung bedarf. Kändler war ohne Zweifel ein standfester Lutheraner, aber als selbständiger und kritischer Geist wandte er sich gegen enge Buchstabengläubigkeit und hat sich mit diesen didaktischen Vorstellungen in Sangerhausen behaupten können.

Verstärkung der pädagogischen Agitation

Seit Mitte der vierziger Jahre treten im publizistischen Schaffen Kändlers allgemein-pädagogische Themen in den Vordergrund. Er schreibt nicht mehr im gelehrten Latein, sondern wendet sich in deutscher Sprache mit einer allgemein verständlichen Argumentation an die Öffentlichkeit, um die Gesellschaft – Eltern und Stadtregiment – in die Pflicht zu nehmen und sie an ihre Verantwortung für Erziehung und Bildung der Jugend zu erinnern. Schon 1743 hatte er zur Begründung seiner Lehrart [28] einleitend festgestellt: „Es ist bey allen vernünftigen Völkern eine unstreitige Wahrheit, dass die Erziehung der Jugend ein wesentliches, ja fast das allerwichtigste Stücke des Regiments sey." Jetzt verschäft er den moralischen Aspekt, indem er seine Argumentation der Form nach als „Beweis" anlegt, d. h. Kändler will durch unwiderlegbare rationale Argumente und den Hinweis auf anerkannte Autoritäten überzeugen.

Im Jahr 1747 beginnt Kändler eine dreiteilige Schriftenreihe „*Beweis, daß die Eltern schuldig sind, alle und jede Kinder ohne Unterschied des Standes, Geschlechtes und Vermögens studiren zu lassen*". In diesem Satztitel ist Kändlers Anliegen und seine bildungspolitische

28 Ebenda S. 1.

Position in äußerster Kürze zusammengefasst. Sie bringt die hohe Wertschätzung des Erwerbs von Wissen zum Ausdruck und postuliert zugleich einen – nach heutigen Begriffen – demokratischen Grundsatz allgemeiner Bildung.

Über Frauenbildung bemerkt er:

> „Ich muthe auch den Frauenzimmern nicht zu, daß sie insgesammt es so weit bringen sollen, daß sie das Meisterrecht in denen Facultäten, oder zum wenigsten den Lorbeerkranz in der Dichtkunst erhalten, und die Anzahl der Bücher vermehren könnten. Wiewohl, wenn dieses einige mit gutem Fortgange thun, so halte ich sie eben derer Vorzüge würdig, welche wir denen erhabenen Cedern unter den niedrigen Gesträuchen beylegen." [29]

Mit weiteren Argumenten wendet sich Kändler u. a. gegen den Vorwurf, dass allzu viel Wissen einem frommen und gottgefälligen Lebenswandel entgegenstehe. Dieser Gesichtspunkt bezieht sich indirekt auf die zeitgenössischen pietistischen Strömungen, die in Halle ein Zentrum hatten. Kändler argumentiert, dass die meisten Laster der Menschen aus dem Mangel an Erziehung entstehen und dass hier auch die Quelle ihres „ewigen Verderbens" liege. Auf Grund von Unwissenheit sei es den Menschen nicht möglich, „die Blindheit ihres Herzens" abzulegen. Sie gehen für die Ewigkeit verloren, weil sie in den Schulen ihren Verstand nicht einigermaßen gebessert haben.:

> „Man stelle nur eine Prüfung an, so wird sich zeigen, dass ein fleißiger Kirchgänger, der in seiner Jugend die Schule nicht besucht, in dreyßig Jahren nicht so viel von göttlichen Dingen wird gefaßt haben, als ein munterer Knabe in der Schule in wenig Monaten, woraus zugleich erhellet, was vor Achtung auch Priester vor Schulen haben sollten."

Die klerikal-konservative Leipziger Monatsschrift hatte Kändler offensichtlich nicht ohne Grund der „Kühnheit" geziehen. Es entbehrt daher nicht einer polemischen Spitze, wenn Kändler seine aufklärerische Pädagogik gerade mit Argumenten aus der Bibel begründet wie zum Beispiel in seiner Schrift „*Rettung des schönen Spruches 1 Tim. V. 8 wider die eigennützigen Eltern, welche davor halten, dass die Versorgung der Jugend in [...] Sammlung zeitlicher Güter bestünde*". [30]

---

29 Schriftenverzeichnis Nr. 41, S. 6.

30 Schriftenverzeichnis Nr. 46. Der Spruch lautet: Wenn jemand für die Seinen und besonders für die Hausgenossen nicht sorgt, so hat er den Glauben verleugnet und ist schlechter als ein Ungäubiger.

M. **Christian Gottlob Kändlers**
der Stadtschule in Sangerhausen Rectoris, und der lateinischen
Gesellschaft in Jena Membri Honorarii,

**eweis,**

daß

die Eltern schuldig sind, alle und jede
Kinder ohne Unterschied des Standes,
Geschlechtes und Vermögens,
studiren zu lassen,

womit er

zu einem Valedictionis Actu
gehorsamst einladet.

Das erste Stück.

Leipzig
gedruckt bey Johann Gottlob Immanuel Breitkopf.

Als Anwalt der jungen Generation will Kändler auch eine andere Form von „Eigennutz Erwachsener" entlarven, indem er prüft, ob ein angeblicher Mangel an Zeit die Menschen entschuldige, wenn sie sich nicht ausreichend der Erziehung ihrer Kinder widmen. Wie meist geht er dabei vom Allgemeinen aus und weist nach, dass Mangel an Zeit oder das Gegenteil, Langeweile, entsteht, wenn die Menschen auf Grund von Lastern wie Habgier, Geiz, Wollust, Hoffart unverantwortlich mit der ihnen von Gott verliehenen Lebenszeit umgehen. Dieses Fehlverhalten ist nach Kändler keine persönliche Angelegenheit, sondern ein Verstoß gegen die Pflichten, die der Einzelne seinem Mitmenschen schuldet. Dies wird deutlich besonders an den Folgen einer Vernachlässigung der Erziehungspflicht, weil eine verdorbene Jugend durch gesteigerte Laster an der Gesellschaft Rache nimmt, gegen die Polizei und Schule machtlos sind.

„Wenn das Kind gehen und reden kann, so braucht es Aufsicht, sonst sucht es Zeitvertreib und Gesellschaft, und findet solche an unartigen Gesinde und Cameraden, von welchen es solche Bosheiten lernet, die sich in sein Gemüthe, wie in ein weiches Wachs eindrucken, und von dem Lehrer selten wieder ausgelöscht werden können." [31]

Wenn Kändler seit der Mitte der vierziger Jahre so intensiv auf allgemeine Erziehungsprobleme eingeht sowie die Pflichten und Versäumnisse der Eltern so vielseitig beleuchtet, dann liegt der Schluss nahe: Ihn leitete dabei kein abstraktes Interesse, sondern er reagierte auf konkrete Jugendprobleme, die sich damals in der Sangerhäuser kleinstädtischen Gesellschaft zugespitzt hatten. Kändler trat nicht als Moralprediger auf, sondern argumentierte dialogisch, indem er die in seinem gesellschaftlichen Umfeld anzutreffenden Fehl- und Vorurteile aufgriff und sie zu widerlegen suchte.

Schon im dritten Stück seines „Beweises" benutzt Kändler die Form des Dialogs, um nachzuweisen, dass körperliche Züchtigung kein wirksames Erziehungsmittel darstellt. Er propagiert dagegen kluge Zuwendung zum Kind, die richtige Auswahl der Lehrmittel und möchte die Jugend vor allem gebildeten „Informatoren" anvertrauen. Informatoren waren Hauslehrer, die die Kinder wohlhabender Eltern betreuten und die auch Zutritt zu den kostenpflichtigen Privatstunden ihrer Zöglinge hatten.

31 Schriftenverzeichnis Nr. 46.

Kändlers Gedankenkreis der vierziger Jahre findet Ausdruck auch in einem „poetischen Schauspiel" unter dem Titel *Das verwahrloste Kind"*. Es wurde in „einem poetischen Collegio ausgearbeitet und vor einer hohen Versammlung den 7. Febr. 1749 öffentlich aufgeführet von einigen auf der Stadtschule in Sangerhausen Studirenden". Die Akteure des Stückes tragen biblische Namen, sind aber unverkennbar Masken, hinter denen sich stadtbekannte Charaktere verbergen.

Eli, der Vater, ist ein betagter und wohl auch betuchter (Raths-) „Secretair". Er weiß den Bosheiten seines ungezogenen Sohnes Hophni außer der Androhung von Prügeln nicht viel entgegenzusetzen, insbesondere, weil seine Frau Eva, Hophnis Mutter, ihren Liebling verwöhnt, mit Süßigkeiten vollstopft und gegen jede Schelte in Schutz nimmt. Der zur Hilfe gerufene Priester Samuel bringt durch eine Befragung die erschreckenden Wissenslücken des boshaften Knaben ans Licht und muss den Vater mit der Erkenntnis konfrontieren, dass versäumte Erziehungspflicht die Ursache des kaum zu behebenden Mißstandes sei. Auch der von Eli engagierte Hauslehrer vermag nichts zu bewirken, er wird von dem boshaften Knaben nur drangsaliert und gibt schließlich auf. Hophni ist jedoch nicht dumm im eigentlichen Sinn. Er hält nichts von anstrengenden Studien, weil er sich wohl versorgt weiß und beobachtet hat, dass man mit Frechheit im Leben schneller vorwärtskommt. Er sucht Unterhaltung in den Caféhäusern der Stadt und gerät immer stärker in üble Gesellschaft. Der Vater stirbt vor Kummer, als sich herausstellt, dass der Sohn auf seine Kosten Schulden gemacht hat. Schließlich übernehmen Hophnis Kumpane sogar das Kommando im Hause. Während eines Trinkgelages kommt es zum Streit, Hophni wird kurzer Hand erstochen. Seine Mutter, die im letzten Moment, viel zu spät also, Strenge gegen ihren missratenen Liebling walten lassen will, findet ihn nur noch röchelnd in seinen letzten Atemzügen vor. Sie fällt in Ohnmacht und wird hinausgetragen, wobei der Vorhang fällt.

Der gesamte Handlungsablauf einschließlich der grotesken Schlussszene hat die Funktion, den Lehrsatz zu illustrieren, dass übertriebene Strenge ebenso wie schwächliche Nachsicht Ursache der moralischen Verwahrlosung der Jugend sind. Die Eltern werden Opfer ihrer eigenen Torheit. Man darf in Kändler den Initiator und eigentlichen Urheber dieses anonym veröffentlichten Schauspiels sehen, es entspricht in vielen Passagen beinahe wörtlich den Gedanken, die er in seiner pädagogischen Publizistik entwickelt hatte. In der Vorrede heißt es dazu:

35

Die gute Kinderzucht und Unterricht der Jugend
Ist billig lobenswerth und eine solche Tugend,
Von der die gantze Welt sehr vieles sagt und schreibt,
Obschon dieselbige sehr ofte unterbleibt.   -
Weil nun die Lehren nicht die harten Herzen rühren.
So fiel uns neulich ein ein Schauspiel aufzurühren,
Vielleicht hilft dieses mehr...

Die dramatische Form soll also bewirken, was direkte Belehrung nicht vermochte: die harten Herzen zu rühren und den Verstand zu klären. Kändler stand mit Johann Christoph Gottsched (1700-1766) im Briefwechsel und nahm in der Vorrede indirekt Bezug auf die von dem Leipziger Professor der Poetik angestoßene Diskussion über das Lustspiel. Der Schauplatz Bühne wird zur „Tugendschule". Dazu passt auch die Reverenz gegenüber der „hohen Versammlung", die der Aufführung in der Person der Herzogin Anna Sophia Charlotte von Sachsen-Eisenach [32] beiwohnte. Kändler hielt dieses Projekt für so gelungen, dass er es Gottsched zur Kenntnis brachte und um Beurteilung bat:

Ew. Magnif. überreiche ganz gehorsamst eine Comödie, welche einige von meinen Zuhörern unter meiner Aufsicht ausgearbeitet, und auf hiesigen Schloße vor Sr. Hoheit aufgeführt haben. Je größer der Danck ist, welchen die deutschen Oratorie und Poesie Ihnen schuldig ist, desto mehr hat mann Ursache dergleichen Ausarbeitungen Ihrem gütigen Urteile zu unterwerffen, zumahl Dieselben gegenwärtige nicht als ein Meisterstücke, sondern einen Versuch junger Leute betrachten werden. [33]

Die Schauspieler waren Schüler Kändlers, und Schüler haben wohl auch unter seiner Anleitung an der Formulierung des gereimten Textes mitgewirkt. Wir haben hier ein Sangerhäuser Dokument schulischer Theaterarbeit im Zeitalter der Aufklärung. Kändler vertrat die Auffassung, dass die Poesie wie jede Wissenschaft erlernt und durch Übung vervollkommnet werden kann. Er wendete sich gegen den Satz „Poetae nascuntur, non fiunt". An der bescheidenen ästhetischen Qualität des Schauspiels *„Das verwahrloste Kind"* lässt sich deutlich ablesen, wie weit diese rationalistische Theorie trägt und wo ihre Grenzen liegen.

---

32 Zur Person der Herzogin Anna Sophia Charlotte von Sachsen-Eisenach (1706-1751) und ihres Hofstaates vgl. Schmidt, Geschichte der Stadt Sangerhausen, Bd. 1. S. 556.
33 Schriftenverzeichnis Nr. 63, S. 338.

In seiner Zeit hatte das Stück allerdings großen Erfolg, es gefiel dem Sangerhäuser Publikum so gut, dass schon nach kurzer Zeit „auf Verlangen guter Freunde" eine zweite Auflage gedruckt werden konnte. Außerdem wurde ein Teil der Vorrede (nach der 2. Auflage) von Daniel Faßmann 1750 in einer Erfurter Zeitschrift [34] abgedruckt. Johann Georg Meusel [35] schreibt das Schauspiel kommentarlos Kändler zu.

Ausklang: Anerkennung in schwierigen Zeiten
Die letzten Jahre von Kändlers Wirken in Sangerhausen sind durch eine allgemeine Verschlechterung der gesellschaftlichen Rahmenbedingungen gekennzeichnet, die sich auch auf das Schulwesen auswirken musste. Herzog Johann-Adolf II. von Sachsen-Weißenfels war 1746 ohne Erben verstorben. Die hochverschuldete Sekundogenitur fiel an das Stammhaus zurück. Für Sangerhausen war damit der Traum einer Residenzstadt beendet. Im Januar 1756 – wenige Monate vor Ausbruch des Siebenjährigen Krieges – konnte Kändler zum letzten Mal eine Studie aus Anlass des Ratswechsels im Druck erscheinen lassen. Es ist nicht bekannt, ob dieses jährliche Ereignis auch weiterhin von öffentlichen Reden in der Aula der Stadtschule begleitet wurde, einladende Programme sind nicht überliefert.

Die Vermutung liegt nahe, dass wirtschaftliche Gründe – drückende Kriegskostenc dafür verantwortlich waren, dass ein Zuschuss für die Herstellung seiner Druckschriften ausblieb. Die umfangreiche Sangerhäuser Publikationstätigkeit Kändlers basierte von Anfang an auf Unterstützung seitens der Stadt oder aus dem Kirchenkasten. An Material hat es Kändler ganz sicher nicht gemangelt, denn viele seiner Schriften blieben ohne die angekündigte Fortsetzung.

Eine Weiterführung seiner publizistischen Tätigkeit kann man in gewisser Weise in den Veröffentlichungen sehen, die aus dem „oratorischen Practicum" bzw. aus der „unter seiner Aufsicht sich sonnabends übenden Rednergesellschaft" hervorgingen. Diese über viele Jahre lebendige Einrichtung hat offensichtlich eine enorme Bindewirkung unter den Teilnehmern selbst und in dem Verhältnis zu dem verehrten

---

34 Diesen Fund machte Johann Moser und berichtete darüber in der Harz-Zeitschrift. Friedrich Schmidt bezieht sich darauf, hatte aber keine weitere Kenntnis des Stückes, das erst kürzlich wiedergefunden wurde und inzwischen digital zugänglich ist.

35 Meusel. Lexikon. Bd. 6, S. 367

Meister entfaltet. Anlass der Veröffentlichung ist nun nicht mehr ein städtisches, sondern eher ein schulisches Ereignis, wie zum Beispiel der Namenstag des „hochgeehrten Herrn Rektors".

Kändler war inzwischen Mitglied der lateinischen Gesellschaft zu Jena und der Erfurter Filiale der Kurfürstlich Mainzischen Akademie der Wissenschaften geworden war. Die Schüler, die sich natürlich auch gern selbst gedruckt sahen, preisen in ihren Elaboraten die Verdienste ihres Rektors, sehen sich aber auch veranlasst, den Nutzen der Redekunst immer wieder gegen die Kritik oder Gleichgültigkeit der Öffentlichkeit zu verteidigen.

So eindrucksvoll die rhetorischen Leistungen der Schüler in ihrer Zeit auch gewesen sein mögen, überdeutlich wird: Es geht jetzt nicht mehr um Kommunikation allgemein interessierender gewichtiger Sachverhalte aus Geschichte und Gegenwart, sondern die Rhetorik ist zum schulischen Übungs- vielleicht sogar zum Selbstzweck geworden. Nicht selten kommt in den Schriften von Kändlers Schülern ein provinzieller Traditionalismus zum Ausdruck, etwa wenn Johann Theophilus Walz 1759 „*Die Lesung derer Romans als ein bedenkliches Mittel seine Schreibart zu verbessern*" abhandelt und als „väterliche Wohltat [...] des hochzuehrenden Herrn Magisters" lobt, dass Kändler die Lektüre gefährlicher Romane nicht verbiete – „denn verbotene Bäume machen eine lüsterne Eva nur noch begieriger" – sondern seinen Anvertrauten ein besseres Beispiel durch gemeinsame Lesung von Werken „aus der geschickten Feder der Herrn von Fénelon" gebe. So bigott diese Argumentation auch klingen mag, sie lässt durchblicken, dass modernere Literaturströmungen und fremdsprachliche Literatur in Sangerhausen damals durchaus rezipiert wurden, nur dass sie, wie so häufig auch später, an dem selbstverschuldeten Traditionalismus der Institution Schule abprallten.

1761 lud Kändler zum letzten Mal mit einem Programm zu einer feierlichen Veranstaltung in die Aula der Stadtschule ein. Sie war dem Andenken des 1747 verstorbenen Berliner Mathematikers Johann Theophilus Walz gewidmet, dessen Söhne bei Kändler untergekommen waren und auf der Stadtschule studierten. Einer von ihnen trug die Vornamen seines Vaters und hinterließ das oben genannte Essay, der andere Johann Karl Walz trat auf der Gedenkveranstaltung mit einer Rede in französischer Sprache über „*Den wahrhaften und zur Ehre gereichenden Lebenswandel*" in Erscheinung. Die Veranstaltung war musikalisch umrahmt und hatte einen eher intimen Charakter. Vielleicht ist sie damit Ausdruck der damals aufkommenden Zeitströmung „Empfindsamkeit", wie sie in dem Freundschaftskreis um den Halberstädter Dichter Johann Wilhelm Ludwig Gleim gepflegt wurde.

In Kändlers letztem Programm wird u. a. eine „panegyrische Ode" zu Ehren der russischen Kaiserin Elisabeth (1740-1762) genannt. Diese Herrscherin unterstützte bekanntlich in den schlesischen Kriegen Friedrichs II. die antipreußische Koalition und nützte damit indirekt sächsischen Interessen. Dieser Hinweis ist einer von vielen Belegen, dass sich in Sangerhausen nach dem Ende der Herzogszeit die Auswirkungen der europäischen Machtpolitik stark bemerkbar machten.

Herzog Christian war 1736 in Sangerhausen verstorben. Sein Nachfolger, der letzte Regent der Weißenfelser Linie, Johann Adolf II. war Feldmarschall in kursächsischen Diensten und zeigte keine Ambitionen, der Sekundogenitur eine eigene politische Zukunft zu sichern. Er bemühte sich um die Regulierung der von seinen Vorgängern übernommenen Schuldenlast, unter anderem durch Abbau kultureller Repräsentation, von der die Nebenresidenzen Sangerhausen und Querfurt so auffällig profitiert hatten. Das Schulwesen war davon selbstverständlich auch betroffen.

Unter neuer Landesherrschaft

Als kursächsisches Territorium wurde Sangerhausen in den Strudel negativer Folgen der für Sachsen unglücklich verlaufenen Kriege der Jahrhundertmitte gerissen. Nach der verlorenen Schlacht von Kesselsdorf (1745) im 2. Schlesischen Krieg mußte Sachsen an Preußen eine Kriegsentschädigung in Höhe von einer Million Taler zahlen. Noch gravierender waren die Auswirkungen des preußischen Sieges im Siebenjährigen Krieg (1756-1763). Er „brachte für die kursächsischen Lande unsagbares Leid, Verwüstung und finanziellen Ruin. Den Gesamtbetrag der Kriegskosten schätzte man auf 250 bis 300 Millionen Taler. Die Bevölkerung des Landes ging um acht Prozent zurück." [36]

Die Sangerhäuser Geschichtsschreibung aus preußisch-deutscher Zeit hat diesen Ereignissen wenig Aufmerksamkeit gewidmet. Erst in

36 Reiner Gross, Geschichte Sachsens, Leipzig Edition Leipzig 2001, S. 153. Über die kriegsbedingten finanziellen Nöte der Stadt vgl. Friedrich Schmidt, Geschichte der Stadt Sangerhausen, Bd. 2, 354-355.

jüngster Zeit wurden Versuche unternommen, die sächsischen Wurzeln unserer geschichtlichen Identität im Land Sachsen-Anhalt wieder ins Bewusstsein zu rufen. [37] Sachsen konnte sich in der zweiten Häfte des 18. Jahrhunderts wirtschaftlich nur langsam erholen und spielte in der europäischen Politik keine Rolle mehr. Weitere politische Rückschläge sollten folgen. Der schmerzhafteste und sicher folgenreichste kam nach den napoleonischen Kriegen, als das Königreich Sachsen 1815 seinen Thüringer Kreis mit Sangerhausen an Preußen abtreten musste.

In dieser Periode vollendet sich der Niedergang der Sangerhäuser Höheren Schule. Persönliche Querelen im Lehrerkollegium gegen Ende der Amtszeit Kändlers sollen eine Rolle gespielt haben. Auf sie hat Hans Ahr im Anschluss an Friedrich Schmidt hingewiesen. Auf dem Hintergrund negativer Zeitereignisse darf man den wiederholten Wechsel der Landesherrschaft wohl als wichtigen Grund für das Ende der glanzvollen Periode der Stadtschule betrachten.

Es gab jedoch durchaus Bemühungen von Seiten der Stadt, an der Schule ein anspruchsvolles Niveau des Unterrichts aufrechtzuerhalten bzw. wiederherzustellen. Sie scheiterten aber an fehlenden Mitteln. In sächsischer Zeit hatten die Kriegsereignisse die kommunalen Kassen völlig erschöpft. Das nach 1815 territorial stark vergrößerte Preußen hielt die Kommunen ebenfalls knapp und veranlasste sie, sich durch den Abbruch von Altlasten – die baufällige Sangerhäuser Schlosskirche aus der Herzogszeit war eine davon – zu entledigen und laufende Haushaltsmittel durch Privatisierung wertvoller Immobilien aus sächsischer Zeit zu akquirieren.

Nach Albert Fulda war der Endpunkt des Niedergangs der Schule in den dreißiger und vierziger Jahren des 19. Jahrhunderts erreicht. Aus dem Stadtgymnasium war eine gewöhnliche Elementarschule geworden. Dem inneren Niedergang folgte der Abbruch des Schulhauses. Die letzten Reste des mittelalterlichen Augustinerklosters verschwanden aus dem Stadtbild – allerdings um bald dem Neubau einer preußischen Volksschule Platz zu machen.

Aus sächsischer Zeit hat aber das gegenüber liegende ehemalige Rektorat (Schlossgasse 11) überlebt. Es war 1761 errichtet worden.

---

37 Vgl.: Die Sächsischen Wurzeln des Landes Sachsen-Anhalt und die Rolle der Sekundogenituren Sachsen-Weißenfels, Sachsen-Merseburg und Sachsen-Zeitz. (Protokoll des Wissenschaftlichen Kolloquiums am 21.10.1995 in Weißenfels), Halle 1996.

Hier verbrachte Kändler die letzten Amts- und Lebensjahre bis zu seinem Tode im Jahr 1766. Es trägt folgende, heute leider sehr verwitterte und wenig beachtete Inschrift:

IMP. POTENT. AVGVSTO III SARMAT. REG. EL. SAX. INTER ME-
DIAS BELLITURBAS ANNO MDCCLXI EX LEGATO B. M0GKII D.
GEORG. GOTTL. WAGNERVS REI PUBL. SYND. HORUMQVE
LEGATORVM ADMINISTRATOR COSS. IOH. FRIED. WAGNERO
ET IOH. FRIED. KLEMMIO HAS MUSARVM AEDES RECT. M.
CHR. GOTTL. KAENDLERO EXSTRVI CVRAVIT.

(Unter der kraftvollen Herrschaft des polnischen Königs und sächsischen Kurfürsten Augusts III. hat der Bürgermeister Georg Gottlieb Wagner inmitten der Wirren des Krieges Sorge getragen, dass aus dem unter der Aufsicht von Johann Friedrich Wagner und Johann Friedrich Klemm stehenden Mogkschen Legat dieses den Musen gewidmete Haus für den Rektor Christian Gottlieb Kändler erbaut wurde.)

So gibt es im Stadtbild von Sangerhausen auch heute noch einen Hinweis auf den hoch verdienten Mann – Rektor Christian Gottlob Kändler.

Verzeichnis der ermittelten Schriften Kändlers

Druckschriften

1 Disput. XXIX Logicae peripateticae Vestigia a Theologis orthodoxis in doctrina de Categoria qualitatis pressa, Lips. 1726 (Quelle: Fulda; nicht ermittelt)

2 Num libertas sentiendi limitibus circumscripta impediat quominus eruditio ad eundem quem apudexternos obtinet gradum apud quoque ascendat. (Eine Vergleichung der wissenschaftlichen Leistungen der Deutschen mit denen der Engländer und Franzosen) Leipzig 1719 (Quelle: Fulda; nicht ermittelt)

3 De vaticiniis immediata theopneustia destitutis (Über die durch unmittelbare göttliche Eingebung widerlegten Weissagungen), Leipzig 1728. 31 S. UB Leipzig; BStB

4 Summam eruditionem proximum esse gradum ad atheismum ... examinat Chr. G. Kändler (Prüfung des Satzes, dass der höchste Grad von Bildung zum Atheismus führt, durch Chr. G. Kändler), (Leipzig) 1730. BStB

5 Augustanae confessionis Graece translatae historia (Geschichte der griechischen Übersetzung der Augsburgischen Konfession), Teil 1, Leipzig: Langenheim 1730. [4] S. ULB Halle

6 Augustanae confessionis Graece translatae historiam (Geschichte der griechischen Übersetzung der Augsburgischen Konfession), Teil 2, Leipzig 1730. 4 S. BStB

7 Animvmqve Tu Pany Lvtheri Erga Magistratvm Ab Adversariorvm Calvmniis vindicat (Verteidigung der Auffassung des sel. Luther von der Herrschaft gegen die Verdrehungen seiner Gegner), Teil 1, Leipzig: Langenheim 1731. ULB Halle

8 De titulo defensoris fidei a Leone X p. m. Henrico VIII. r. A. non collato (Über den Titel Verteidiger des Glaubens, der dem englischen König Heinrich VIII. keineswegs vom Papst Leo X. verliehen wurde), Francohusae (Bad Frankenhausen): Nebelung 1731 (4) S. ULB Halle; BStB

9 Animus to pany Lutheri erga magistratum ab adversariorum calumniis vindicatus (Verteidigung der Auffassung des sel. Luther von der Herrschaft gegen die Verdrehungen seiner Gegner), Teil 2, Leipzig: Langenheim 1732. (16) S. ULB Halle

10 De conventu Sangerhusano auctoritate Augusti Electoris Saxoniae Formulae Concordiae causa instituto (Über den vom Sächsischen Kurfürst August nach Sangerhausen einberufenen Konvent bezüglich der Konkordienformel), Leipzig: Schniebes 1733. ULB Halle; BStB

11 De hymnis maxime Germanicis, eorumque versionibus Latinis (Über Kirchenlieder, meist deutscher Herkunft, und ihre lateinischen Übersetzungen), Teil 1, Francohysae (Bad Frankenhausen): Nebelung (1733). ULB Halle

12 Von der gnädigsten Vorsorge des Durchlauchtigsten Hauses Sachsen vor die emigrirende Salzburger, Leipzig (1733). 14 S. ULB Halle

13 Sangerhusam principibus suis semper curae cordique fuisse (Sangerhausen ist seinen Landesherren stets treu ergeben gewesen), Leipzig: Breitkopf 1734. (12) S. ULB Halle;UB Leipzig

14 Memoria anniversaria templi in arce Sangerhusina conditi (Jährliche Erinnerung an die im Schloss zu Sangerhausen erbaute Kirche), Leipzig 1734. (Quelle: Schmidt, Geschichte, Bd. 1, S. 24)

15 Elogium Sangerhusanis civibus a to pany Luthero tributum quo ipsi vocantur Die frommen unschuldigen Leute zu Sangerhaußen...

(Lobspruch des sel. Luther auf die Sangerhäuser, in dem sie als „die frommen unschuldigen Leute zu Sangerhausen" bezeichnet werden), Leipzig: Breitkopf 1734. 12 S. ULB Halle

16 De versionibus hymnorum Germanicorum Graecis. [Leipzig]: Breitkopf 1734 {digital zugänglich)

17 De odio veterum Germanorum in oratores Latinos (Über die Feindschaft der alten Germanen gegenüber den lateinischen Schriftstellern), Leipzig: Breitkopf 1735. (6) Bl. ULB Halle; BStB

18 De nominibus templorum (Über die Namen der Tempel), Teil 1: (Über die Namen der christlichen Kirchen), Leipzig 1735. ULB Halle; BStB

19 De nominibus templorum, Teil 2: De nominibus templorum Judaicorum (Über die Namen der Tempel bei den Juden), Leipzig: Breitkopf 1735. 15 S. ULB Halle

20 De nominibus templorum, Teil 3: De nominibus apud paganos (Über die Namen der Tempel bei den Heiden), Leipzig: Breitkopf 1736. (12 S.) ULB Halle

21 Abhandlung von Schul-Bibliothecken, Teil 1, Leipzig: Breitkopf 1737. ULB Halle

22 Abhandlung von Schul-Bibliothecken, Teil 2, Leipzig: Breitkopf 1738. ULB Halle

23 Scholae Sangerhusanae evangelicae Iubilaeum secundum (200 Jahre evangelische Schule in Sangerhausen), Leipzig 1739. BStB

24 Das erbauliche Andenken, der vor 200 Jahren in Sangerhausen vollendeten Reformation, ein teutsches Gedicht. 2 Bog. Fol. 1739. Genannt in: Rotermund (1810), Bd. 13 (sv Kändler)

25 Programma von der Einrichtung seines Collegii disputatorii. Frankenhausen 1739, 4 S. Genannt in: Meusel (1806), Bd. 6, S. 367 f.

26 Theses In Usum Collegii Disputatorii - Fasciculus Tertius Complectens Theses a festo die Ascensionis Christi usque ad finem anni excutiendas (Thesen zum Gebrauch im Collegium Disputatorium; 3. Heft, enthält die Thesen, die zwischen Himmelfahrt und dem Ende des (Schul-)Jahres studiert werden sollen), Leipzig: Breitkopf 1740, 2 Bl. ULB Halle

27 De vita et rebus gestis Sanctae Iuttae de Sangerhausen patronae Borussiae commentarius (Über Leben und Taten der Hl. Jutta von Sangerhausen, Patronin von Preußen), Teil 1, Leipzig: Breitkopf, 1740. 16 S. (Nur Teil 1 erschienen.) ULB Halle

28 Nicht betiteltes Lobgedicht; Anfangszeile: Da Dich, berühmte Lindenstadt]. In: Gepriesenes Andencken von Erfindung der Buchdruckerey wie solches in Leipzig beym Schluß des dritten Jahrhunderts von den gesammten Buchdruckern daselbst gefeyert worden. Leipzig 1740, S. 139. (Digital zugänglich)

29 Ausführliche Beschreibung der Lehr-Art, nach welcher die Sprachen und Wissenschaften in der ersten Ordnung der studirenden Jugend vorgetragen werden [...]. Das erste Stück: Leipzig: Breitkopf 1741, 12 S. (Digital zugänglich)

30 Wohlgemeinte Erinnerung an alle Einwohner in Sangerhausen, die von Gott mit Kindern gesegnet sind. Leipzig 1741. 4 S. Genannt in: Rotermund, Heinrich Wilhelm (1810), Bd. 3, S. 13.

31 Verzeichniß der an seiner Schule gehaltenen Reden. Leipzig 1741. Genannt in: Rotermund. Heinrich Wilhelm (1810), Bd. 3, S. 13

32 Ausführliche Beschreibung von der Lehr-Art, nach welcher die Sprachen und Wissenschaften in der ersten Ordnung der studierenden Jugend vorgetragen werden, Leipzig 1743. 16 S. BStB

33 Ausführliche Beschreibung der Lehrart, nach welcher die Sprachen und Wissenschaften in der ersten Ordnung der studirenden Jugend vorgetragen werden. 2tes Stück. Leipzig 1743. Genannt in: Meusel, Johann Georg (1806), Bd. 6, S. 367 f.

34 Abhandlung von Schul-Bibliothecken, Teil 3, Leipzig: Breitkopf 1743. 6 Bl. ULB Halle

35 Epistola ad contentiosum Theologum, D. C. G. Klugium, ante Rectorem Francohusanum, nunc Archidiaconum Wittebergensem, iterum e latebris suis ad decertandum prosilientem. Frankenhausen 1743. 4 S.
Gemeint ist Christian Gottlob Kluge (der Ältere) (1699-1759), eine anonyme Negativrezension zu Kändlers Brief erschien in:
Fortgesetzte Sammlung von Alten und Neuen Theologischen Sachen [...], Auf das Jahr 1743. [...]. O. O. S. 278. Danach: Dunkel. Johann Gottlob Wilhelm (1755) Historisch-Critische Nachrichten von verstorbenen Gelehrten und deren Schriften [...]. Bd. 2, Teil 1. Dessau/Cöthen, S. 92. Vgl. auch Meusel (1806), Bd. 6, S. 367

36 Beantwortung einiger Ungegründeten Erinnerungen, Welche ein Ungenannter wider sein Programma von der Lehr-Art gemacht hat, Franckenhausen (Bad Frankenhausen): Johann Georg Keilen 1743. 20 S. BStB

37 Epistola ad contentiosum Theologum, D. G. G. Klugium, ante Rectorem Francohusanum nunc Archidiaconum Wittebergensem iterum e latebrissuis ad decertandum prosilientem.(Brief an einen streitsüchtigen Theologen, Doktor G. G. Blume, vormals Rektor in Frankenhausen, jetzt Superintendent zu Wittenberg), Frankenhausen 1743. (Meusel, Bd. 6, S. 367-368, nicht ermittelt.)

38 Abhandlung von Schul-Bibliothecken, Teil 4, Leipzig: Breitkopf 1744. 8 Bl. ULB Halle

39 De evolutione scriptorum profanorum rei christianae innoxia (Über die für das christliche Anliegen unschädliche Behandlung heidnischer Schriftsteller), Teil 1, Leipzig: Breitkopf 1745. 16 S. ULB Halle

40 De versione hymnorum Germanicorum Latina atque Graeca (Über die Übersetzung deutscher Kirchenlieder ins Lateinische und Griechische), Teil 3, Leipzig: Breitkopf 1746. 12. S. ULB Halle

41 Beweis, daß die Eltern schuldig sind, alle und jede Kinder ohne Unterschied des Standes, Geschlechtes und Vermögens studiren zu lassen. Das erste Stück, Leipzig: Breitkopf (1747). ULB Halle

42 Beweis, daß die Eltern schuldig sind, alle und jede Kinder ohne Unterschied des Standes, Geschlechtes und Vermögens studiren zu lassen. Das andre Stück, Leipzig: Breitkopf (1747). ULB Halle

43 Eingesendetes Schreiben an denjenigen vornehmen Cavalier, welcher Vorschläge, wie ein Capital am besten zu der besten Stifftung angewendet werden könne, verlanget haben. In: Leipziger Sammlungen von Allerhand zum Land- und Stadt-Wirthschaftlichen, Policey- Finanz- und Cammer Wesen dienlichen Nachrichten [...]. Drey und Funfftzigstes Stück. Leipzig, S. 384-391 (die Zuschrift ist datiert auf 12. Dezember 1747)

44 Beweis, daß die Eltern schuldig sind, alle und jede Kinder ohne Unterschied des Standes, Geschlechtes und Vermögens studiren zu lassen. Das dritte Stück, Leipzig: Breitkopf (1748) ULB Halle

45 Rettung des schönen Spruches 1 Tim, V. 8 wider die eigennützigen Eltern, welche davor halten, daß die Versorgung derer Seinigen ... in Sammlung zeitlicher Güter bestünde, Leipzig 1748, 16 S. BStB

46 Abhandlung vom Mangel der Zeit, als einer sündlichen Entschuldigung derer Menschen, wenn sie überhaupt etwas Gutes verrichten, und insonderheit ihre Kinder wohl erziehen sollen, Leipzig: Breitkopf (1749), 16 S. ULB Halle

47 Die Geschichte des Augustiner Klosters in Sangerhausen. Das erste Stück, Leipzig: Breitkopf 1750, 16 S. (Fortsetzung nicht erschienen.) ULB Halle

48 De versione hymnorum Germanicorum Latina atque Graeca (Über die Übersetzung deutscher Kirchenlieder ins Lateinische und Griechische), Teil 4, Leipzig: Breitkopf 1754. XVI S. ULB Halle

49 De versione hymnorum Germanicorum Latina atqve Graeca (Über die Übersetzung deutscher Kirchenlieder ins Lateinische und Griechische), Teil 5, Leipzig: Breitkopf 1755. 12 S. ULB Halle

50 Eine Beschreibung von der Anwendung derer wichtigen Legaten, so der Herr Rath Mogk gemacht, unter dem Namen Securii, in FoL (Bis spätestens 1755).
Genannt in: Dietmann, Karl Gottlob: Die gesamte der ungeänderten Augsp. Confeßion zugethane Priesterschaft in dem Churfürstenthum Sachsen und denen einverleibten Landen. Des I Theils Dritter Band, Dresden / Leipzig 1755. S.894. Danach: Meusel, Johann Georg (1806) Band 6. S. 367f.

51 B. Lutheri de incremento Academiae Erfurtensis vaticinium (Die Weissagung des sel. M. Luther über das künftige Gedeihen der Akademie zu Erfurt), Leipzig: Breitkopf 1756. 12 S.

52 De Germanis, Herodes M. primariis inter alios militibus dissertatatio. In: Acta Acad. Elect. Moguntinae quae Erfordiae est. T. l, Efordiae/Gothae, S. 415-428.

53 De vita et meritis viri illustris atque celeberrimi Johanne Theophili Walzii (Über Leben und Verdienste des Johannes Theophilus Walz), Leipzig 1761. 8 S. UB Leipzig

Unter Kändlers Anleitung entstanden, aufgeführt und gedruckt

54 Das verwahrloste Kind. Ein Poetisch Schauspiel in einem poetischen Collcgio ausgearbeitet und den 7den Februar 1749 vor einer Hohen Vers ammlung öffentlich aufgefiihret von einigen auf der Stadtschule in Sangerhausen Studirenden, Leipzig 1749.

55 Weitere Auflage: Das verwarloste (sic!) Kind, ein Poetisch Schauspiel. In einem poetischen Collegio ausgearbeitet und vor einer Hohen Versammlung den 7 Febr. 1749 öffentlich aufgefuhret von einigen auf der Stadtschule in Sangerhausen Studirenden. Gedruckt auf Verlangen guter Freunde. (Jena 1750) Vgl. Meusel, Bd. 6, S. 367-368.) BStB

Als Manuskript erhalten
56 Memorabilia Sangerhusana ad supplendum aliquo modo Chronicon collecta a M. C. G. Kaendlero (Sangerhäuser Denkwürdigkeiten als gewisse Ergänzung der von Magister Chr. G. Kändler gesammelten Chronik), 281 Bl. Ms im Thüringischem Staatsarchiv Rudolstadt. (Autorschaft nicht restlos geklärt)
57 Sangerhäuser Urkunden, 4 Bde. Ms. Im Thüringischen Staatsarchiv Rudolstadt. (Autorschaft nicht restlos geklärt)

Briefe Kändlers
Die Historisch-kritische Ausgabe des Briefwechsels von Johann Christoph Gottsched enthält sechs Briefe von Kändler.
58 (1) 29. Mai 1734 (Empfehlungsschreiben für Johann Gottlieb Heydenreich): Band 3, Berlin/Boston 2009, S. 107 f.
59 (2) 30. März 1744 (Kändler bittet Gottsched, auf seiner Reise in Königsberg bei Professor Michael Lilienthal Informationen über die Hl. Jutta von Sangerhausen einzuholen.): Band 10, Berlin/Boston 2016, S. 31.
60 (3) 10. Oktober 1744 (Nachfrage bezüglich Informationen über Jutta von Sangerhausen; Empfehlungschreiben für Anton Gottlieb Schmidt aus Sangerhausen): Band 10, Berlin/Boston 2016, S. 245.
61 (4) 10. November 1744 (Suche nach Informationen über Jutta von Sangerhausen offensichtlich ohne Erfolg; Empfehlungsschreiben für Johann Gottfried Brenner aus Sangerhausen): Band 10, Berlin/ Boston 2016, S. 256-257.
62 (5) 16. Juli 1747 (Empfehlungsschreiben für Johann Christian Heydrich aus Sangerhausen, der auf der Schule ein Gedicht verfasst hat, Kändler bittet Gottsched es zu lesen): Band 12, Berlin/Boston 2016, S. 323-324.
63 (6) 24. April 1749 (Kändler informiert über Entstehung und Aufführung des Stückes Das verwahrloste Kind): Band 14, Berlin/Boston 2020, S. 338-339.

Auf Kändler bezügliche Schriften
64 Olearius, (Johann Gottfried), De meritis Germanorum in studia humanitatis. (1730). Quelle: Fulda, nicht ermittel.
65 Calendas Januarii A. R. ... (Neujahrsglückwunsch auf Christian

Gottlob Kändler), Lipsiae: Breitkopf (1739). - (2) Bl.

66 De Studio veterum in colendis ornandisque praeceptoribus disserit et simul viro clarissimo atque doctissimo Christiano Gottlob Kaendlero, A. M. Scholae Sangerhusanae Rectori optime merito praeceptori atque praesidi suo aetema lege colendo Calendas Ianuarii A. O. R. MDCCXL. faustas felicesque esse cupit Collogium disputatorium ab ipso institutum. Lipsiae [1740]

67 Viro clarissimo atque doctissimo Domino Christiano Gottlob Kaendlero, A. M. Scholae Sangerhusanae Rectori optime merito, praeceptori atque praesidi suo solenni pietate colendo, Calendas Ianuarii A. O. R. MDCCXLI. faustas auspicatasque esse iubet, et simul de terrificis vaticinationibus, quibus Lymphati sua et aliena mala ludificantur, Ad Plin. L. VI. Epist. XX. §. XIX. quaedam disserit Collegium disputatorium. Lipsiae [1741]

68 Neunhoefer, Johann Friedrich: Oratio Philippica qua victoriam M. Christ. Gottl. Kändleri rectoris Sangerhusani clade Vitembergensis theologi ... insignem rei gestae miraculo commotus persequitur suamque sententiam inde conceptam in sinum Jo. Danielis Leonhardi Dippoldisvaldensis ... familiariter effundit. Vitembergae : Ahlfeld 1744.

69 Stark, Friedrich Wendelin: Die zu unsem Zeiten verbesserten Schulanstalten wurden, als Christian Gottlob Kändler, Rector der Stadtschule in Sangerhausen, den 12. May 1747, seinen Namenstag begieng, in einige Betrachtung gezogen. Leipzig : Breitkopf (1747).

70 Becker, Dietrich David: Abhandlung von denen Verdiensten Magni Torquati, Herzogs zu Braunschweig, um Sangerhausen, mit welcher Herrn Christian Gottlob Kaendlern, der Stadt-Schule in Sangerhausen hochverdientem Rectori zu seinem Namenstage den 17. May 749 gehorsamst Glück wünschten, die säemmtlichen Mitglieder des Collegii Oratorii. Leipzig : Breitkopf 1749. -XVI S.

71 Untersuchung der Frage: Wenn mit Oratorischen Uebungen der Anfang zu machen sey? welche bey dem Namen-Tage ... Chn. Gottlob. Kaendlers, Rectoris in Sangerhausen betrachtet wurde von seiner Rednergesellschaft... Leipzig 1752. - 12 S.

72 Janus, Carl Ernst August: Abhandlung von dem Schaden, der aus Versäumniß der Beredtsamkeit in allen Ständen entsteht: mit welcher Chn. Gottlob Kändlern, Der Stadtschule zu Sangerhausen Hochverdientem Rectori zu Seinem Namenstage 1753 Glück wün-

schen die sämmtlichen Mitglieder seiner Rednergesellschaft. Leipzig : Breitkopf 1753. - 16 S.

73 Hesse, Bernhard: Abhandlung von der Beredsamkeit der Engel, mit welcher Chr. Gottlob Kaendlern, Rectori in Sangerhausen, zum Namenstag 1755 Glueck wünscht seine Rednergesellschaft. Leipzig: Breitkopf 1755.

74 Günthersberg, Ioh[annes] Christoph[orus]: ΘΕΟΝ ΓΝΩΣΕΟΝ I. Sam. II. III. venerabundi considerant viroque praenobilissimo amplissimo atque doctissimo Domino Christiano Gottlob Kaendlero, A. M. Scholae Sangerhusanae Rectori Academiae scientiarum Miguntinae assesori et Societatis Latinae Ienensis membro honorario praeceptori atque patrono suo fit colendo onomasma D. XXVIII. M. Maii Anni Soteris MDCCLVI. celebrandum decenter gratulantur Collegii oratorii sodales hoc sese excipientes ordine. Bernhardus Hesse, Marcroeliz Leucop. [folgen elf weitere Namen], Lipsiae [1756]

75 Walz, Johann Theophilus: Die Lesung derer Romans, als ein sehr bedenkliches Mittel seine Schreibart zu verbessern, wurde am Namenstage 1757 Chn. Gottlob Kaendlers, Rectors in Sangerhausen, betrachtet von seiner Rednergesellschaft. Leipzig: Breitkopf 1757 - 12 S.

76 Müller, Wilhelm Ferdinand: Abhandlung von der Beredsamkeit des Frauenzimmers. (Glückwunsch an Christian Gottlob Kändler, Rektor in Sangerhausen, zum Namenstag, 1760). Leipzig: Breitkopf (1760). - 12 S.

77 Reissner, Centurius Lebrecht: Abhandlung von der Beredsamkeit derer Fürsten ... : (Glückwunsch an Christian Gottlob Kändler, Rektor in Sangerhausen, zum Namenstag), Leipzig : Breitkopf, (1761). - 8 S.

78 Kirst, Christian Friedrich: Abhandlung von der Beredsamkeit der biblischen Verfasser: (Glückwunsch auf Christian Gottlob Kändler, Rektor in Sangerhausen, zum Namenstag, 1762). Leipzig: Breitkopf, 1762. - 8 S.

79 Rolle, Jeremias Christian: Abhandlung Von dem Nutzen der Beredsamkeit im Kriege : mit welcher Dem Hoch-Edelgebohrnen, Hochachtbaren, und Hochgelahrten Herrn. Herrn M. Christian GottlobKändlem, Der Stadt-Schule in Sangerhausen hochverdientem Rectori, und der lateinischen Gesellschaft in Jena Ehren-

Mitglied. zu Seinem Namens-Tage den 13ten May 1763. gehorsamst Glück wünschen Die sämmtlichen Mitglieder der unter seiner Aufsicht sich übenden Redner-Gesellschaft, Jer. Christian Rolle, v. Gehoven, der Verf. Carl Cph. Friedr. Knoblauch, v. Wickerode. Christian Friedr. Kirst, v. Werningshausen. Friedr. Wilh. Demelius, v. Sangerhausen. Joh. Gottfr. Meyer, v. Sangerhausen. Christ. Gottfr. Fritsche, v. Lüdersdorf. Heinr. Friedem. Günthersberg, v. Wickerode. Friedr. Joh. Carl Reich, v. Sangerhausen. Christoph Meyer, v. Edersleben. Joh. Aug. Barthel, v. Leipzig. Joh. Franz Kettner, v. Gehoven. Joh. Aug. Heinr. Michaelis, v. Voigtstädt, Leipzig 1763.

80 Scherner, Joh. Henr.: De eloquentia militum. Dissertatio (Über die Redekunst der Soldaten) Gratulationsschrift auf Christian Gottlob Kändler, Lipsiae: Breitkopf, (1758). - 8 S.

Literaturverzeichnis

Meusel, Johann, Georg: Lexikon der vom Jahr 1750-1800 verstorbenen teutschen Schriftsteller. Bd. 6, S. 367-368.

Rotermund, Heinrich Wilhelm (1810) Fortsetzung und Ergänzungen zu Christian Gottlieb Jöchers Allgemeines Gelehrten-Lexico worin die Schriftsteller aller Stände nach ihren vornehmsten Lebensumständen und Schriften beschrieben werden. Angefangen von Johann Christoph Adelung und von dem Buchstaben K fortgesetzt von [...]. Dritter Band. Delmenhorst 1810.

Fulda, Albert: Kurze Übersicht der Geschichte des höheren Schulwesens der Stadt Sangerhausen. In: Erstes Programm des Progymnasiums zu Sangerhausen, S. 3-48, Sangerhausen 1872.

Katalog dcr St. Ulrichs-Bibliothek zu Sangerhausen. Bearb.: Höhndorf, Friedrich Schmidt. Sangerhausen 1897.

Schmidt, Friedrich: Geschichte der Stadt Sangerhausen. In zwei Teilen. Sangerhausen: Selbstverlag des Magistrats der Stadt Sangerhausen, 1906.

Werner, Arno: Städtische und fürstliche Musikpflege in Weißenfels bis zum Ende des 18. Jahrhunderts. Leipzig 1911.

Paulsen, Friedrich: Geschichte des gelehrten Unterrichts, Bd. 1, Leipzig 1919.

Kretschmar, Hellmuth: Zur Geschichte der sächsischen Sekundogenituren. In: Sachsen und Anhalt. Jahrbuch der Historischen Kommission für die Provinz Sachsen und für Anhalt. Bd. 1 (Magdeburg 1925), S. 312-343 (über Sachsen-Weißenfels); Bd. 3 (Magdeburg 1927), S. 284-315 (über Sachsen-Merseburg und Sachsen-Zeitz).

Ahr, Hans: Sangerhäuser Schulverhätnisse im 18. Jahrhundert. In: Spengler Museum. Beiträge zur Heimatforschung Nr. 9 (Sangerhausen 1988), S. 73-75.

Wein, Herbert: Geschichte der Entstehung und Verfassung der Stadt Sangerhausen, Sangerhausen 1996.

300 Jahre Vollendung der Neuen Augustusburg - Residenz der Herzöge von Sachsen-Weißenfels. Red. Eleonore Sent, Weißenfels 1994.

Das albertinische Herzogtum Sachsen-Weißenfels. Beiträge zur barocken Residenzkultur, Freyburg/Unstrut 1999.

Czech, Vinzenz ed.: Fürsten ohne Land: höfische Pracht in den sächsischen Sekundogenituren Weißenfels, Merseburg und Zeitz. (Schriften zur Residenzkultur 5). Berlin 2009.

Kiefer. Jürgen D. K.: Bio-bibliographisches Handbuch der Akademie Gemeinnütziger Wissenschaften zu Erfurt 1754-2004, Erfurt 2005.

Köhler, Caroline/Menzel, Franziska / Otto, Rüdiger / Schlott, Michael eds., Johann Christoph Gottsched: Briefwechsel unter Einschluß des Briefwechsels von Luise Adelgunde Victorie Gottsched. Band 14: November 1748-September 1749. Berlin/Boston 2020. Enthält S. 644 eine Kurzbiographie von Kändler mit neuer Literatur.

Inhalt

Zeitfracht Medien GmbH
Ferdinand-Jühlke-Straße 7
99095 Erfurt, Deutschland
produktsicherheit@kolibri360.de